MÉMOIRES
SUR LA CHINE

PAR

LE COMTE D'ESCAYRAC DE LAUTURE

COUTUMES

AVANT-PROPOS.	THÉATRE.	INSTRUCTION PUBLIQUE.
VIE SOCIALE.	CÉRÉMONIES.	AGRICULTURE.
	VIE PRIVÉE.	

NOTES : — SUR LES TRANSPORTS, — SUR LE CALCUL ET LES MESURES, — SUR LES MONTS-DE-PIÉTÉ, — SUR LE COMMERCE DE LA CHINE EN 1863.

PARIS. — LIBRAIRIE DU MAGASIN PITTORESQUE
QUAI DES GRANDS-AUGUSTINS, 29

NOVEMBRE 1864

Tous droits de traduction et de reproduction réservés.

MÉMOIRES SUR LA CHINE

COUTUMES

1864

AVANT-PROPOS

Je dois, en commençant ce cahier, rappeler plus que jamais que je n'ai point prétendu tout dire sur la Chine ; que je n'ai pu m'aider que de notes prises à la hâte, souvent sans ensemble et sans liaison ; que j'ai voulu faire un travail nouveau qui complétât des travaux plus anciens ; que je n'ai point cherché dans ces travaux les éléments d'une compilation déguisée, qui malheureusement m'eût fait honneur auprès de lecteurs faciles à surprendre, mais qui n'eût été ni utile, ni honnête.

On regrettera peut-être, en Europe, que je n'aie parlé avec détails ni de l'opium, ni du thé, ni de la porcelaine, ni des petits pieds, ni de la médecine, ni des sciences des Chinois. Tout nouveau livre doit-il donc être une réédition d'autres livres ? Que dirais-je sur la porcelaine, que je n'ai point vu fabriquer, après le père d'Entrecolles, après tant de missionnaires qui ont vu ce que je n'ai pas vu, après M. Stanislas Julien, qui a traduit sur ce sujet tout ce qu'il y avait à traduire pour en expliquer les derniers secrets ?

La médecine chinoise n'est-elle pas assez connue par les travaux de tant de médecins anglais et américains, savants en leur art et sinologues distingués, établis depuis longues années en Chine et vivant parmi les Chinois ? L'étude des sciences chinoises, enfin, peut-elle être abordée avant ces profondes et patientes études que Gaubil a pu faire, que d'autres ont faites aussi, que je poursuivrais avec bonheur moi-même si l'occasion m'en était donnée ?

VIE SOCIALE

Villes. — Boutiques. — Étuves. — Jardins publics. — Jeux. — Musique. — Hospices.

J'ai parlé des murailles des villes chinoises, de leurs temples, de leurs édifices publics. Des villes elles-mêmes, il y a peu à dire : les rues en sont d'ordinaire étroites, sales, encombrées, bordées de boutiques ouvertes, de maisons bruyantes, ou de murs derrière lesquels se cachent les cours et les maisons. A Pékin, quelques rues sont larges comme des grands chemins ; de grandes baraques de bois rouge, des maisons éparses, les limitent de distance en distance ; une poussière noire et fétide soulevée par le vent, une boue épaisse coupée d'ornières profondes, en rendent le parcours insupportable. On rencontre souvent dans l'enceinte des villes de grands cimetières qui ne nuisent pas plus à la santé publique en Chine qu'à Londres, quoiqu'ils y soient moins bien tenus : d'autres cimetières anciens et abandonnés, de vastes espaces déblayés par l'incendie ou délaissés par un peuple décroissant ; on y rencontre jusqu'à des champs et des métairies. Les boutiques sont quelquefois très-élégantes : il y en a à Pékin de magnifiques ; elles sont couvertes d'écriteaux indiquant la marchandise, le nom du marchand, ou portant des invitations plaisantes, telles que : « Seule maison honnête ; Se méfier de la boutique en face » ; etc.

Il y a beaucoup d'étuves dans les villes chinoises. Les Chinois sont propres ; cependant ils n'aiment pas l'eau froide : on ne peut pas même dire qu'ils aiment beaucoup l'eau chaude, et ils font peu d'usage de savon, même de savon chinois. Pour se laver chez eux et dans leurs étuves, ils ont coutume de tremper un linge dans l'eau bouil-

PHARMACIE OUVRANT SUR LA RUE.

Un assistant pèse des médicaments; un autre fait sur l'abacus le compte de ce que doit la femme qui est devant lui. Sur les écriteaux placés aux deux côtés de la boutique, on lit le nom du pharmacien, et « Médicaments de toutes les provinces. » Près de la porte du fond : « Médicaments pour prolonger la vie humaine », et « Remèdes contre l'opium. » Dans le fond, les trois derniers mots d'une inscription qui signifie : « Entrez et voyez le jen-senn. »

lante, et, après l'avoir laissé égoutter un instant, de s'en frotter le visage, les mains ou le corps. Ce système, qui répond à l'usage que nous faisons de l'éponge, n'est pas mauvais : il est d'un fréquent emploi ; et quand on parle de malpropreté à propos des Chinois, c'est sans doute en faisant abstraction de tout souvenir de l'Europe, de ses régions méridionales surtout.

Presque toutes les villes ont leur jardin, yuen, ou jardin à thé, tma-yuen. Ce jardin, entouré de temples et de boutiques, contenant un lac ou un étang, ou traversé par une rivière, a des ponts en zigzag et des ponts surélevés, des îles, des kiosques, des rochers et des grottes, dont les formes et l'entassement dépassent de beaucoup les œuvres de la nature. On y voit de grands établissements où l'on prend le thé sur de petites tables vernies ; des restaurants, des pâtisseries, des théâtres, des cabarets ; d'ignobles maisons où, dans une salle obscure et infecte, des prostituées servent l'opium à des gens hâves couchés sur des nattes malpropres (1). On y trouve aussi des bateleurs de toute espèce, des guérisseurs de tous maux, des poëtes mendiants, des coquins racontant de saintes histoires, des aveugles qui voient et des épileptiques artificiels : c'est un petit monde. On y joue de la menue monnaie ; on y joue des gâteaux et des bonbons ; on y regarde, par de petits trous, des tableaux mobiles représentant des sujets religieux, et plus souvent des sujets de la plus extrême obscénité : les femmes et les enfants surtout forment le public de ces spectacles. J'ai déjà dit que l'Asie n'avait pas de pudeur : en est-elle pour cela plus corrompue ? Je ne le pense vraiment pas. La chaste ville de Londres n'a rien à apprendre de l'impure ville de Pékin ; Naples, Rome, Hambourg et Paris, sont à peu près dans le même cas : l'impudeur publique ne prouve pas la corruption générale des mœurs. En tout cas, cette corruption se révélerait par la dégénérescence du peuple. C'est pour éviter cette dégénérescence que la loi prétend régler les mœurs ; mais l'expérience m'a fait voir que les peuples musulmans, amis de *Cara-Gueuz*, et les peuples chinois et tartares, amis d'autres polissonneries, n'étaient physiquement ni si dégénérés, ni si affaiblis que le sont les Européens soumis dans leur enfance à l'emprisonnement du collége,

---

(1) On a assez parlé de l'opium pour qu'il me soit permis de ne pas revenir ici sur des récits mille fois répétés ou recopiés. Je rappellerai seulement qu'après l'avoir lavé, et réduit à l'état de pâte, on le livre aux fumeurs qui, armés d'une baguette, en soulèvent de petites parties qu'ils appliquent contre le fourneau de la pipe placé au tiers de la longueur d'un large tuyau, et qu'ils brûlent à la flamme d'une lampe. Cette pratique, portée à l'excès, conduit beaucoup de gens à la misère et quelques-uns à la mort. L'alcool a, en Suède, les mêmes effets. La consommation de l'opium augmente beaucoup en ce moment : il en est entré en 1863, à Chang-haï, environ 37 000 piculs, valant plus de 120 millions de francs. Il est aussi impossible d'arrêter la vente de l'opium ou son emploi que d'approuver l'abus qu'on en fait. Toute la puissance ou toute la sagesse des hommes se brise ici contre l'inévitable accomplissement d'une volonté divine.

JARDIN A THÉ.

Cabarets, tableaux tournants, diseur de bonne aventure.

FUMEUR D'OPIUM ET FUMEUR DE TABAC ASSIS SUR UN KAŇ.

On remarquera la pipe à opium que le personnage assis à gauche tient à côté d'une lampe couverte d'un abat-jour ; il va porter sur la flamme de la lampe un peu d'opium pris dans les boîtes cylindriques placées près de lui. En arrière, on voit des assiettes portant des gâteaux. L'autre personnage allume une pipe à eau. Sur les étagères, on remarque divers petits objets et des livres dans leur reliure mobile.

privés de mouvement et d'air, et nourris à moitié à l'âge où le corps doit prendre en liberté, comme l'esprit, ses dimensions et sa forme. Il en est des spectacles obscènes comme de la plupart des choses en ce monde ; leur effet est très-faible et s'émousse très-vite. On ne conduit pas l'homme, il se conduit lui-même ; il traverse le bien et le mal : on ne le jette ni vers l'un, ni vers l'autre ; il suit sa propre pente. Rome, égout de tous les vices, a donné le jour aux premiers martyrs de la foi chrétienne, et les saintes leçons des monastères n'ont pas sanctifié tout ce qui les a reçues. C'est parce que je crois à l'impuissance de l'éducation dirigée, à l'impuissance des lois factices, comme à l'impuissance du conseil perfide et de l'exemple mauvais, que je n'aperçois pas plus dans la licence que dans la liberté un péril sérieux ou durable.

CABARET EN PLEIN AIR DANS LE NORD.
D'après une gravure chinoise.

Les jeux des Chinois sont, à peu de chose près, ceux des Européens. Les enfants chinois jouent aux billes, à la balle, à la marelle, font voler d'immenses cerfs-volants et partir des pétards. Dans le Nord, quand la neige est abondante, ils en façonnent des maisons ou des dieux dont ils s'amusent à peindre les yeux et les lèvres. Comme les hommes font combattre des coqs et des cailles, ils font combattre des grillons.

Le jeu de la morra, qui consiste à deviner le nombre de doigts rapidement présentés à la vue, jeu connu des Romains, qui l'appelaient *micatio*, existe en Chine sous les noms de tmai-mey, kwei-tmuen, tsei-tmuen, etc. En Chine, comme en Italie, des cultivateurs, des ouvriers ou de petits commerçants s'y livrent après dîner, et celui qui perd est condamné à boire une tasse d'eau-de-vie. Plus on perd, et plus, la vue se troublant, on devient incapable de gagner. L'ivresse, qui n'est pas inconnue en Chine, est donc le résultat le plus habituel de ce jeu, non moins coupable que la plupart des jeux innocents.

Les Chinois ont aussi les dés (maé-tsö), les dominos (kʊ-pey), des cartes (tmu-pey) servant à jouer aux dominos et en portant les nombres, et d'autres cartes. Ces jeux ne sont pas absolument les nôtres, mais ils les rappellent beaucoup. Les dés sont par jeux de six; les dominos, par jeux de trente-deux : les points y sont les uns rouges, les autres noirs. Les cartes portent diverses figures et quelques caractères; elles sont

CARTES-DOMINOS.

oblongues et mesurent environ neuf centimètres sur deux, soit trois pouces sur huit lignes; leur revers ressemble à celui des nôtres. Le jeu de cartes-dominos dont je donne un spécimen compte cent trente-cinq cartes, dont soixante-six à figures divisées en trois classes dites céleste, terrestre et humaine (tyen, ti, jen), de vingt-deux cartes chacune; soixante-six sans figures, divisées de même, et trois portant les caractères wen, wʊ et tsʊñ. Il y a des cartes rouges, d'autres noires, d'autres encore qui sont rouges et noires. Le jeu de cartes proprement dites, dont je donne également un spécimen, est fort compliqué. Les cartes diffèrent par la couleur rouge ou noire des ornements qui les terminent et par les figures qui les couvrent. Il y en a parmi les noires vingt sans figures, vingt à figures géométriques, vingt portant des insectes; parmi les rouges, vingt à personnages, vingt à figures géométriques et vingt portant des insectes.

Toutes ces cartes sont, par les ornements qui les terminent, ramenées à quatre types. Parmi les noires, on trouve encore, avec des extrémités différentes qui permettent de les ramener à sept types, vingt et une cartes sans figures, vingt et une à figures géométriques, vingt et une portant des insectes, des caractères ou des armes; et parmi les rouges, réductibles de même à sept types, quatorze cartes à personnages, quatorze à figures géométriques, et quatorze portant des insectes, des

CARTES A JOUER.

caractères ou des armes; ce qui donne pour tout le jeu deux cent vingt-cinq cartes.

Il y a, en Chine, bien d'autres espèces de cartes et bien d'autres jeux, mais je ne les connais point ou n'en ai qu'une idée très-vague; je ne saurais même expliquer l'emploi des cartes que je viens de décrire, par la raison que je n'entends rien aux cartes en général.

Je ne possède pas sur la musique plus de notions que les Romains de la république, qui regardaient l'ignorance de cet art comme la première qualité d'un homme libre. Je dois cependant dire un mot de celle des Chinois. Sans être connaisseur, il est

MUSIQUE.

permis de la trouver mauvaise. Il y a cependant, au ministère des rites, une direction de la musique, comme il y avait à Rome un collège des joueurs de flûte. Le chant est pris trop haut; c'est un cri nasillard des plus fatigants à entendre. Les instruments, nombreux, sont connus pour la plupart depuis des temps fort reculés. J'en ai fait figurer ici quelques-uns. Parmi les instruments à cordes, on remarquera le xʊñ-tuin, qui en a deux; le san-myen-tsö, qui en a trois; le yue-tuin, qui en a quatre; le yañ-tuin, sorte de clavecin, qui en a quatorze qui se touchent, comme celles de plusieurs autres instruments, avec l'extrémité, garnie d'un peu de moelle, d'une baguette de sureau ou de bois flexible. Parmi les instruments à vent, le syao, tuyau

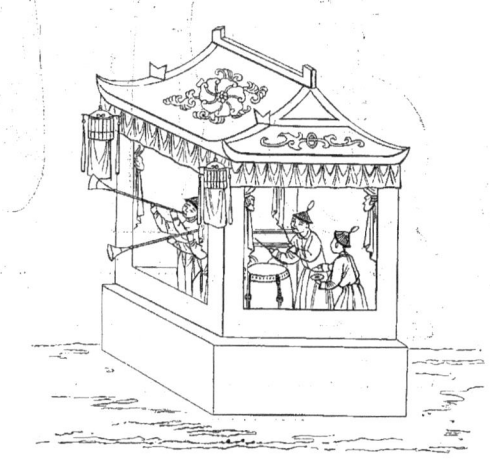

ORCHESTRE.
D'après une gravure chinoise.

unique dans lequel on souffle par une de ses extrémités; le ti-tsö, tuyau analogue, dont on joue en soufflant par une ouverture pratiquée au corps de l'instrument, et enfin le sön, ou señ, qui a une embouchure adhérente à la base de l'instrument et treize tuyaux, ou plus, de longueur inégale. Le sön remonte à une haute antiquité. On pourrait indiquer encore une guitare à quatre cordes, pi pa, qui paraît être la table de Pythagore; le kʊ, ou tambour; les cymbales; la corne, tuıa-ko; une sorte de trombone, etc.

Les Chinois, n'en déplaise aux inventeurs du langage musical universel à l'aide duquel tous les peuples chanteront leur pensée en un même concert, ont un système musical à part. Ils comptent cinq sons, font usage de neuf caractères, et écrivent leur musique suivant une méthode qu'a décrite, dans le numéro de mai 1859 du *Journal of the N. C. B. of the R. A. S.*, le révérend E. W. Syle, et qui paraît plus simple que la nôtre. La notation du son musical est sans doute susceptible de progrès; il semble même qu'on en ait indiqué déjà, et que le temps doive les faire triompher de la routine et de cet esprit jaloux qui veut tenir les profanes à l'écart.

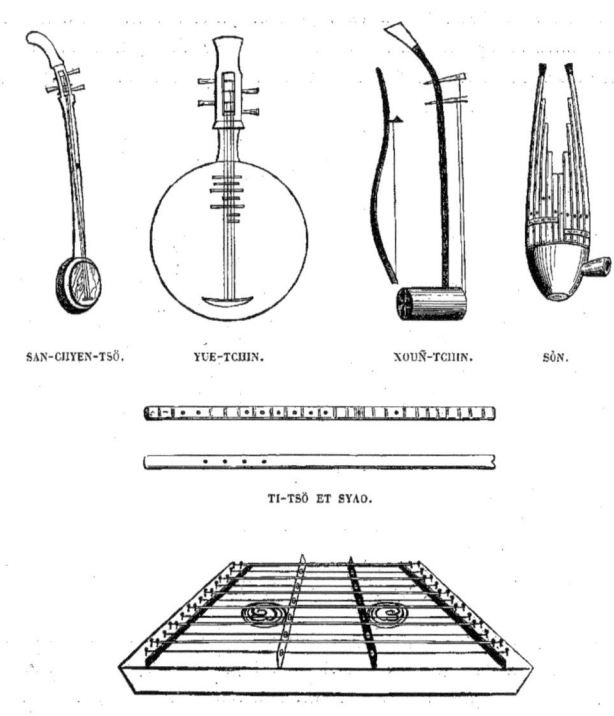

SAN-CHYEN-TSÖ. YUE-TCHIN. XOUÑ-TCHIN. SÖN.

TI-TSÖ ET SYAO.

YAÑ-TCHIN.

La Chine a des hospices, des maisons d'aliénés conduites d'après le système dont Pinel a guéri l'Europe, et des maisons d'enfants trouvés. Il est naturel qu'il y ait beaucoup de ces enfants dans des villes démesurément peuplées de gens dont l'existence est précaire ou que leur pauvreté et la richesse d'autrui mènent facilement au vice. Les Chinois, de plus, regardent comme un malheur la naissance d'une fille;

les Romains ne défendaient d'exposer que la première ; le Coran a dû défendre aux Arabes de les tuer, et le peuple des campagnes, en France et ailleurs, voit toujours dans ces naissances une défaveur du ciel. Les Chinois pauvres exposent les enfants dont ils veulent se débarrasser, comme leurs enfants morts avant l'âge qui comporte une cérémonie funèbre, sous des sortes d'auvents ou dans de petites tourelles destinées à cela et où on va les prendre. Il va sans dire qu'on a exagéré l'infanticide chinois ; la pudeur publique en est, en Europe, presque l'unique agent : il ne s'expliquerait pas aussi bien dans un pays où la femme est plus gardée, et en même temps le vice plus libre. Il est vrai que la tolérance des lois peut, en Chine, contribuer à l'extension de ce crime. Il peut y avoir, à Chang-haï, deux cents enfants recueillis et assistés. On dit que quelques grandes villes en comptent un millier ; cela n'a rien d'excessif. On donne ces enfants à des nourrices qui en prennent deux ou trois, et reçoivent, à Chang-haï, pour chacun d'eux, soixante-six tsyen par jour, soit environ sept sous, somme qui me paraît très-suffisante à leur entretien.

Beaucoup de ces enfants et d'enfants plus âgés, achetés à des parents vicieux ou misérables, sont élevés pour le théâtre, la prostitution, ou revendus à des bateliers et aux soldats. Quelques-uns, achetés par des gens aisés ou riches, entrent dans leur famille, comme, en Turquie, non-seulement les enfants tcherkesses, géorgiens et abases, importés par Trébizonde, mais encore beaucoup d'enfants kurdes, grecs et d'autre nation.

THÉATRE

Théâtre. — Genres. — Comédiens. — Pièces.

C'est la crainte des dieux, commencement de la sagesse, qui créa ces théâtres, pères de la folie, que les prêtres condamnent de nos jours. Les poëtes sacrés des Grecs consacrèrent le théâtre aux dieux; les Romains l'ouvrirent à l'issue d'une peste, pour apaiser le ciel irrité; nous-mêmes nous y jouâmes d'abord les mystères de notre religion. Tout, cependant, dégénère : les saints hymnes et les pieux spectacles ont fait place, en Europe, à la comédie relâchée, au drame à sensation; en Asie, au dialogue obscène, à la provocation du vice éhonté.

En Chine, on représenta d'abord les dieux et les héros. On leur faisait sans doute parler un noble langage, et le chant dominait le dialogue. On joue encore des pièces de ce genre; le midi de la Chine les a surtout conservées : on y trouve un théâtre dont le domaine s'étend sur l'Inde au delà du Gange, dont le type et les formes sont anciens, et qui n'apparait dans le nord de la Chine que rarement et que dans les temples.

Le théâtre historique a un domaine plus vaste; il se montre aussi dans les temples, où d'autres choses encore se montrent en payant. Il a sans doute quelques drames anciens, et l'on y trouverait de belles scènes, un certain génie manié avec peu d'art. Comme notre tragédie copiée sur l'antique ramène au milieu de nous Oreste et Iphigénie, Cléopâtre et César, la tragédie chinoise fait surgir de la tombe les héros des trois royaumes, les princes des vieilles dynasties de Xan, de Leañ, de Sɐn et de Tañ. Elle ne montre point ces hommes faibles que le drame de la vie découvre; elle divise ses personnages en héros sans reproche et en scélérats sans remords : tout y est excessif; le mal et le bien y luttent sans se confondre. Telle est la conception première des hommes; l'expérience les conduit ailleurs : elle éclaire les combats terribles que se livrent à eux-mêmes les héros du théâtre grec; elle montre à Shakspeare, à Victor Hugo, l'homme bon et méchant, vil et courageux, chancelant et conduit à la

THÉATRE.
D'après une gravure chinoise.

chaîne du destin vers le crime ou le sacrifice, récompensé du mal, puni du bien, maudissant ce monde impie et saluant le Dieu qui seul est juste.

La comédie et la farce, la farce grossière du tréteau, la farce mimée encore plus obscène, sont très-goûtées en Chine, surtout dans le Nord : c'est de là qu'elles semblent être venues. Les Tartares, sans doute, avaient, comme leurs frères turcs, un penchant extrême pour la grosse plaisanterie et le propos graveleux; leur esprit s'élevait, sans en dépasser le niveau, à cette littérature qui a sa plus haute expression dans les aventures du khodja Nasr-ed-Din.

THÉÂTRE CHINOIS.

Ce dessin représente une scène de la pièce intitulée Tsyen tchou kwo. L'empereur Leou-syen-tchou offre du vin à son précepteur Syu-chou. A gauche, on voit les trois frères de l'empereur : Tchan-tsi-loûi, dont le visage est blanc ; Tchañ-yi-tô, dont le visage est noir, et Kwañ-fou-tsø, dont le visage est rouge. L'orchestre est dans le fond du théâtre. A droite et à gauche, en arrière, on voit des acteurs qui se griment. En haut, on lit : « Que les dieux entendent de beaux sons »; et sur les côtés, des maximes qui signifient que par le spectacle de la vertu passée on excite les hommes actuels à la vertu, et par le spectacle des crimes passés on inspire aux hommes actuels l'horreur du crime.

Le jeu de mots, d'ailleurs, est facile au Chinois et a envahi tout le théâtre ; il n'est pas inconnu dans nos drames, le vieil Euripide s'en est même permis ; mais peu de peuples l'ont poussé aussi loin que les Chinois et l'ont fait si obscène. Les poésies vénérables du temps passé en sont pleines ; les héros de la tragédie louent la vertu en calembours que l'Europe ne pourrait traduire si elle les comprenait, mais qui charment un parterre de polissons et de prostituées.

La comédie et la farce prennent leurs types dans la vie moderne et dans la vie réelle ; la tragédie a quelques personnages qui reparaissent souvent et dont une certaine tradition a déterminé le masque et le costume.

On sait par Pollux que les anciens avaient au moins vingt-cinq masques tragiques et quarante-trois masques comiques. Les Chinois ont un théâtre très-varié : leurs acteurs n'ont point le masque antique, mais ils se barbouillent comme les premiers tragiques grecs ; ils se tatouent de noir, de rouge, de blanc, pour représenter des traîtres, des héros, des eunuques ou des femmes. A Sa-tmex, les femmes paraissent sur la scène ; en général, cependant, ce sont de jeunes garçons qui en remplissent le rôle. Une parole chevrotante, une marche chancelante, des regards langoureux et des allures timidement lascives suffisent à l'illusion des spectateurs, en même temps que l'absence des femmes satisfait une morale toute romaine.

Il va sans dire que le théâtre et la prostitution se touchent de fort près. Ceux de nos soldats qui ont passé l'hiver à Tyen-tsin ont vu beaucoup de choses dont le chaste papier ne saurait accepter la confidence. On assure néanmoins, en Chine, que le théâtre est l'école de ces mœurs devenues si pures à Rome sous le joueur de flûte Néron ; et dès que tous les soldats, tous les artisans et tous les laboureurs chinois auront reçu des honneurs officiels, je ne doute pas que les comédiens n'aient leur tour.

Il y a des troupes de comédiens qui résident dans les grandes villes : presque toujours, cependant, ces troupes sont ambulantes ; elles vont de cité en cité, de village en village, de temple en temple et de maison en maison, jouer leur répertoire. On les loue pour une fête religieuse, pour une fête civile, pour une réunion d'amis ou pour en régaler le public. Quand le spectacle se donne dans un temple, le petit peuple ne paye pas ; ceux qui se placent dans les galeries ou dans les loges doivent, si le spectacle est donné par les prêtres, leur faire quelque aumône. Ils peuvent toujours en offrir une aux comédiens, dont le salaire est plus que modique. Une troupe de trente individus reçoit, pour une représentation du matin et une représentation du soir, de cent à cent cinquante francs seulement. Ils ont cependant à se fournir de costumes, d'instruments de musique et de divers objets.

J'ai eu moi-même le désir de donner des spectacles : diverses circonstances m'en

PIÈCES.   21

ont détourné; l'agitation du pays, par exemple, qui rendait dangereuse toute réunion de la foule. Je l'ai regretté, parce que, donnant le spectacle, j'aurais pu recueillir bien des informations que je n'avais pu acquérir comme simple spectateur.

La plupart des pièces sont difficiles à entendre : les unes, parce qu'elles sont écrites en un style assez ancien, ou du moins vieilli; les autres, parce qu'elles sont en quelque dialecte, celui de Sʋ-tmeʋ, la capitale scénique de la Chine, par exemple. J'en ai vu jouer plusieurs que je n'ai qu'imparfaitement comprises. Je vais en indiquer en peu de mots le titre et le sujet. Les figures très-fidèles jointes au texte en montreront les principaux personnages, ceux, du moins, dont le type est le plus accusé.

Tañ wañ, ou l'empereur des Tañ,
dans la pièce dite Nyu pañ tsö.

Un tai-kyen, ou serviteur de l'empereur,
dans la pièce dite Nyu pañ tsö.

Tchañ-fey, deuxième impératrice,
dans la pièce dite Nyu pañ tsö.

Nyu pañ tsö (la femme qui lie un enfant). Un empereur de la dynastie de Tañ, qualifié de Tañ-wañ, a de sa fille Kʋñ-tmʋ un petit-fils nommé Tsin-yin qui a tué le père de Tmañ-fey, seconde impératrice. Tmañ-fey veut sa mort et se saisit de lui; Xwañ-nyañ, première impératrice, intervient, et, si je ne me trompe, Tsin-yin est sauvé.

Po xʋñ-tmeʋ (la prise de Xʋñ-tmeʋ au temps des Sʋñ), pièce dans laquelle on voit paraître Moñ-leañ, guerrier à visage rouge; sa femme Mʋ kwei-yin; Tsyao-tsañ, guerrier noir, et le général Yañ tsun-pao.

Pañ tsö (lier l'enfant). A peu près le même sujet que Nyu pañ tsö. Yao-kañ, fils de Yao-tmi, a tué le beau-père d'un empereur de la dynastie des Xan : l'empereur

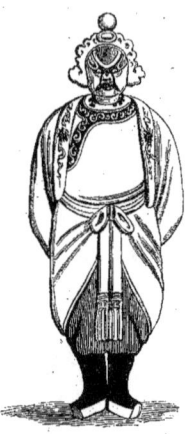

Tyao-tsañ, guerrier noir, dans la pièce dite Po xouñ-tcheou.

Yañ tsun-pao, général, dans la pièce dite Po xouñ-tcheou.

Yao-kañ, dans la pièce dite Pañ tsö.

Syao tsye, fille de Syao kouñ-tchu, dans la pièce dite Tan mou.

I tchañ-tsin, dans la pièce dite Nyu san tchouan.

Souñ-kyañ, dans la pièce dite Nyu san tchouan.

Kañ mao-tsay,
dans la pièce dite Tañ leañ.

Yao-kau (ou Yao-kañ),
dans la pièce dite Ma tchae.

Li sao-tsye,
dans la pièce dite Tye-kouñ yuan.

Chu-syen,
dans la pièce dite Toan kyao.

Sye tiñ-chan,
dans la pièce dite Lou xwa xo.

Li foñ-tsye,
dans la pièce dite Chi foñ.

24 THÉATRE.

l'ignore; mais Yao-tuɪi lui livre son fils, et l'empereur, touché de son dévouement, fait grâce à Yao-kañ.

Tañ tsao (l'empêchement de sortir de Tsao). Kwañ fʊ-tsö, général de Hao au temps des trois royaumes, bat Tsao-tsao, ministre de Wey; malgré les ordres reçus, il épargne sa vie : proscrit lui-même, il est gracié à la fin de la pièce.

Ta tʊñ. Le premier empereur des Sʊñ, qualifié de Sʊñ-wañ, à figure rouge et vête-

Chan chyouñ-sin,
dans la pièce dite Souwo wou louñ.

Wañ kouñ-tchou,
dans la pièce dite Souwo wou louñ.

Ko-yin,
dans la pièce dite Tsö kin souwo.

ments noirs, avant d'arriver au trône poursuit le ravisseur de Kin nyañ, femme célèbre, et lui arrache Kin nyañ.

Tan mʊ (visite à une mère). Yañ ssö-lan, général des Sʊñ, épouse Sya kʊñ-tuɪʊ, fille du roi de Syao-pañ. Dans le nord de la Chine, la guerre éclate contre les Sʊñ : il part en secret pour revoir sa mère, muni d'une passe obtenue par sa femme. Syao tae-xo, sa belle-mère, apprend sa fuite et veut, à son retour, le faire périr; il est amnistié et comblé d'honneurs.

Nyeʊ-tao man (la montagne dite de la Tête de bœuf). Yoo wʊ-mo, grand person-

PIÈCES.   25

nage du temps des Sʊñ, est la victime d'une intrigue; il est mis à mort et enterré à Xañ-tɯeʊ. Son fils Yoo-yun et son écuyer Nyeʊ-kao paraissent dans ce drame.

Nyu san tɯʊan (trois femmes savantes). Ces trois femmes sont Sʊñ-örl nyañ, Kʊ ta-sao et I tɯañ-tsin; le héros de la pièce est le rebelle Sʊñ-kyañ, qui combat la tyrannie des Sʊñ.

Tañ leañ (l'empêchement de Leañ), drame analogue au Tañ tsao, mentionné ci-dessus, par les circonstances et par les costumes des personnages, mais dont l'époque est la fin des Yuen : c'est Tɯen-yeʊ leañ qui est fait prisonnier par Kañ mao-tsay.

Ɯa ssö mön (la guerre des quatre portes). Leʊ kin-tin, femme d'un grand mérite, y joue le principal rôle. Deux individus, l'un garçon et l'autre fille, absolument semblables, et nommés tous deux Ma-tʊñ, paraissent dans cette pièce.

Sin-pa-tɯö (nom de lieu). La scène se passe, sous les Tsiñ, dans un chef-lieu de district gouverné par Wañ tsin-tyen.

Ma tɯae. Querelles de Wañ-yin, guerrier rouge, et de Yao-kan, ou Yao-kañ, guerrier noir, qui s'enfuit de la cour et se retranche sur une montagne. Je connais deux pièces de ce nom.

Tye-kʊñ yuan (l'origine de la maison de Tye-kʊñ). Li sao-tsye, jeune fille dont la mère est nommée Lao ma-ma, ou la vieille maman, se sert d'un arc en fer (tye kʊñ) d'une force et d'une dureté extrêmes. Tye-kʊñ-tsö parvient seul à le bander, et épouse Li sao-tsye.

Ɯʊei too (la guerre aquatique) et Toan kyao (le pont de Kyao) ne diffèrent que par le dialogue. Tsin-mö et Pae-mö, serpents immortels, prennent des figures de femmes pour séduire un marchand très-stupide et très-riche nommé Ɯu-syen. En général, dans les romans et les pièces chinoises, les pédants sont des grands hommes et les marchands des imbéciles. Si cependant, comme dit la fable, leurs confrères savaient peindre!

Lʊ xwa xo (la rivière de la fleur de Lʊ). Fan li-xwa, femme de Sye tiñ-ɯan, veut tuer son fils adoptif Sye-in-lʊñ, qui a commis des fautes graves, mais finit par rentrer en grâce.

Xʊ kya tɯʊan. Combats du héros Wañ-yin et de l'héroïne I tɯañ-tsin.

Sʊwo wʊ lʊñ est l'histoire d'un dragon devenu homme sous le nom de Ɯan myʊñ-sin, et marié à Wañ kʊñ-tɯʊ.

Nao kin kyae. Les héros de cette pièce sont Leʊ xwañ-wañ et sa femme favorite, Tɯao syao-mey.

Tsoey-piñ ɯan (la montagne de Tsoey-piñ). Aventures d'un prêtre, Tao-tö-ssö, d'une dévote nommée Pan kyao-yun, et de sa servante Ya-xwan.

Ɯi foñ. Un empereur des Miñ, qualifié de Tɯen ta-wañ, va boire incognito dans le cabaret tenu par la belle Li foñ-tsyé, la femme colère ; elle accueille ses avances par des injures. La scène est digne du lieu où elle se passe : l'empereur se fait connaître ; la belle s'excuse, et l'empereur l'épouse.

Ta kwan (la grande douane), pièce nouvelle. Ta nʉ-nʉ, femme mantchoue, veut passer ; Sʉ-li-ma, homme mantchou, ne veut pas ouvrir les portes : il en résulte un échange de quolibets et de calembours qui rappelle les petites pièces à deux personnages du Palais-Royal.

Xʉñ ni kwan (la douane dite de la Terre rouge).

Tsö kin sʉwo, dont le héros est le lettré Ko-yin.

Ta piñ. Aventures de l'imbécile Wʉ ta-lañ et de sa femme Pan ki-lyen, qui est très-subtile.

Pʉ kañ. Dialogue entre Wañ ta-nyen, femme riche, et Xo lao-örl, négociant.

Tsʉei tsyeʉ (l'ivrognerie), dont les personnages sont Yañ kwei-fey, impératrice, et Kao li-ssö, employé de la cour.

Mae yen tmʉ (la vente du vermillon), dialogue entre Kwo-xwa, négociant, et Wañ yué-yin, marchande.

Ces notices, toutes brèves qu'elles soient, suffiront, je l'espère, à donner une idée générale de la nature et de la portée des pièces qui se jouent aujourd'hui en Chine. Plusieurs pièces anciennes ont été traduites ou imitées. Tout le monde connaît, par exemple, *l'Orphelin de la Chine,* traduit approximativement et imité d'abord, rendu enfin de nos jours avec une fidélité absolue. Bazin a traduit plusieurs pièces du siècle des Yuen.

CÉRÉMONIES

Mariage. — Cérémonies funèbres. — Superstitions.

Je n'entrerai pas beaucoup dans le détail des cérémonies civiles, très-compliquées, des Chinois. Chaque province a, d'ailleurs, ses coutumes, et il vaut mieux dès lors ne pas sortir des généralités.

Le mariage, résolu souvent depuis la naissance des futurs, en tout cas arrangé par les familles, donne lieu à des fêtes qu'accompagnent la musique, des repas, des processions. La mariée est conduite à l'époux ; elle entre entièrement dans sa famille, renonçant, comme dit l'Évangile, pour suivre son époux, à son père et à sa mère. La mère du mari exerce même sur elle une tutelle souvent très-dure.

Devant un autel dressé à Tsö-fu tyen-kwän, la mariée, voilée et coiffée du foñ-kwan, et le marié, vêtu de ses plus beaux habits, souvent même d'un costume qui convient seulement à des gens d'un rang plus élevé, s'unissent symboliquement en saisissant, avec accompagnement de beaucoup de saluts, la femme un large ruban vert, l'homme un large ruban rouge, liés ensemble par leur autre extrémité.

L'acquisition d'une femme coûte à un homme du commun de cinquante à soixante onces d'argent, et à un homme en place de quatre à six cents onces. La polygamie est tolérée en Chine par la loi, et plus ou moins par les mœurs ; elle y est plus fréquente dans le Sud que dans le Nord, et plus ordinaire parmi les riches. Il n'y a, toutefois, jamais qu'une femme légitime, tsye ; les autres, qui sont des concubines, syao fu-jen, obéissent à la femme légitime, et sont des sortes de servantes. La masse de la nation est monogame, car le nombre des femmes ne peut excéder beaucoup celui des hommes ; il est vrai qu'elles sont nubiles de bonne heure, et mariées souvent avant leur nubilité. Il y a de plus, en Chine, le divorce à volonté, dont on abuse comme en Égypte.

Il n'y a peut-être pas tant de différence qu'on paraît le croire entre la polygamie chinoise et la monogamie théorique des Européens. Le divorce est, en Asie, trop facile; mais son absence est pire que cette facilité. Si le mariage est un contrat civil, et la loi ne peut y voir que cela, il doit être aussi libre que les autres contrats. Pour les catholiques, c'est un sacrement, comme le baptême : la foi le sanctifie, et le prêtre consacre un lien perpétuel à la face de Dieu, qui seul peut donner à l'homme le pouvoir d'être fidèle à de tels engagements. Au simple contrat se substitue une chose sainte; un lien est formé par le ciel que la terre ne peut délier. Les anglicans y voient déjà une chose plus humaine, et il est bien singulier que la loi civile ait parmi nous prétendu, usurpant sur la loi divine, faire d'une formalité municipale et d'une constatation nécessaire une sorte de sacrement civil, refaire sans Dieu l'œuvre du concile de Trente, imposer à l'homme ce que la foi chrétienne n'en peut pas toujours obtenir elle-même.

Le mariage est dans une grande partie de l'Europe une arche peu sainte. On dit la Chine très-corrompue : le spectacle des familles chinoises ne me paraît pas confirmer ce jugement. Les juifs étaient polygames, et le sont encore là où les lois civiles n'ont pas brisé leur loi. La famille a toujours cependant été plus sainte chez les juifs qu'ailleurs. Les femmes chinoises m'ont paru toujours dévouées et chastes; elles le sont avec un fanatisme que l'Europe ne connaît pas. Partout où nous passions, dans le nord de la Chine, effrayées par la réputation calomnieuse que le gouvernement nous avait faite ou par le souvenir d'autres épreuves, les femmes, pour ne pas tomber entre nos mains, se donnaient la mort. On dira que leurs maris les tuaient; cela quelquefois put avoir lieu, non toutefois sans leur consentement et sans que les maris les suivissent dans la mort. Mais j'ai moi-même fait de vains efforts pour faire sortir une femme d'un cercueil dans lequel elle s'était placée. Depuis trois jours elle n'avait rien pris; elle refusa les aliments que je lui fis porter. Je fis tout pour obtenir sa confiance : je voulais la faire mener aux avant-postes, d'où elle eût pu rejoindre les siens; elle ne voulut rien entendre. Sa seule réponse était toujours : « Je me suis placée dans ce cercueil pour y mourir, je veux y mourir; laissez-moi tranquille. » C'était cependant une femme d'au moins quarante ans; elle n'était pas belle et avait peu à craindre : sa résolution m'en frappa d'autant plus. Je renonçai à la convaincre, et on la transporta de force à l'hôpital provisoire établi dans la ville, où une salle était réservée aux femmes trouvées dans des conditions analogues.

L'homme est magistrat ou guerrier, travailleur ou penseur; et si l'homme chinois remplit mal quelques-uns de ces rôles, la femme chinoise au moins me paraît remplir bien le seul rôle vrai de la femme, celui d'épouse et de mère.

Le culte voué par les Chinois aux chefs de leurs familles a donné aux funérailles

CÉRÉMONIE DU MARIAGE.
Voir le texte.

un caractère particulier. L'homme qui va mourir est habituellement porté dans la principale pièce de la maison ou dans la chapelle domestique, où résidera d'abord son cercueil, ensuite sa tablette seule. On penche sa tête vers l'est, on couvre son visage d'un linge pour savoir quand il cessera de respirer; quelquefois on place dans sa bouche une pièce de menue monnaie, comme pour payer le batelier des enfers. Tantôt cette monnaie est jetée dans une rivière, dont l'eau sert à laver le mort; quelquefois on fait un trou au plafond pour faciliter le départ de l'âme. Le mort est couché tout vêtu dans un cercueil de bois épais et lourd, garni de chaux et d'huile : son portrait, dans un costume d'apparat souvent au-dessus de sa situation, et avec un manteau vert, est placé au-dessus d'une table ou d'un autel domestique, sur lequel sont présentées quelques offrandes et brûlent des chandelles vertes; une tablette placée devant le portrait indique qu'au temps de telle dynastie l'âme illustre de tel personnage a quitté la terre. Cette tablette s'appelle tmen-yɞñ, et le portrait men-tmɞ-paé : on n'en met pas pour les jeunes gens au-dessous de vingt ans non mariés. La famille porte le grand deuil blanc ou jaunâtre, ou blanc rayé de filets jaunâtres. La veuve porte autour de la tête un linge blanc. Le fils est coiffé du leañ-kwan, et porte les effets de grand deuil dits myao-i : plus tard, il revêtira des effets misérables, ma-i. Il porte les souliers blancs ou jaunes dits tsao-li, et la canne de deuil dite san tmañ; il portera le petit deuil trois ans, ou au moins vingt-sept mois. Les parents et les amis se présentent vêtus généralement d'habillements blancs ou bleus et de chapeaux à coiffe blanche; ils s'agenouillent et se prosternent tour à tour, sur un tapis vert à bords noirs, devant l'image du mort. Une gravure exécutée, comme la plupart de celles qui figurent dans ce livre, d'après une peinture fidèle faite sous la direction de mon secrétaire chinois, fera comprendre cette cérémonie. Je regrette qu'il ne m'ait pas été possible de faire reproduire en couleur ce tableau et d'autres; mais les frais d'un ouvrage comme celui-ci m'ont contraint à sacrifier des choses bien plus importantes encore. Je ne connais d'autre Mécène que le public, et nos admirables écoles l'ont laissé peu désireux de s'instruire.

Un banquet funèbre est donné aux parents et aux amis; des libations sont faites; de petits papiers bleus sont collés aux portes pour annoncer le deuil au public. On brûle ordinairement beaucoup de pétards; on brûle aussi des papiers imitant des lingots d'argent (yuan-pao et yin-tin), fabriqués surtout à Xañ-tmeɞ et dans le Kyañ-si; dans le Nord, des monnaies de papier (tmu-tsyen), des chevaux, des habits, des barques, etc., toujours en papier, et la reproduction de tous les objets dont on désire que le mort soit pourvu dans l'autre monde.

Les tombeaux sont visités à l'automne et au printemps. Les riches y portent les cinq offrandes : un porc, une poule, un canard, une oie, un poisson, cinq plats de

CÉRÉMONIE FUNÈBRE.
Voir le texte.

fruits, de l'eau-de-vie, etc., et l'on adresse au mort une prière complimenteuse accompagnée de prosternations : c'est ce qu'on appelle balayer sa tombe.

L'emplacement d'une sépulture, comme celui d'une maison, est choisi, d'après les indications de ce qu'on appelle foñ-mui, ou le vent et l'eau, par des sorciers d'une espèce à part. Les Chinois, ceux au moins de la basse classe, sont fort superstitieux. Ils tirent des présages du chant des oiseaux, du feu et de la lumière, de bien d'autres choses encore; quand ils éternuent, ils pensent que quelqu'un parle d'eux au même moment. Ils ont des astrologues, sin-kya, et des physiognomonistes, kan-syañ-ti jen, qui, d'après les signes ou taches de leur visage, prévoient toute leur vie, qui enlèvent même au besoin les marques néfastes moyennant un petit salaire. Les Chinois, enfin, placent dans leur maison ou dans ses fondements l'image du dieu des maçons, une perle ou un miroir, pour chasser les diables; ils mettent quelque argent sous le seuil, et ne se logent ou n'accomplissent aucun acte important sans faire partir quelques pétards.

VIE PRIVÉE

Maisons. — Meubles. — Chauffage. — Costume. — Cuisine. — Repas. — Prix courants.

Les maisons chinoises rappellent un peu, par leur aspect général et leur plan, les maisons romaines. Le style et la décoration en sont toutefois assez différents : la grecque et beaucoup d'ornements fréquents à Pompéi se retrouvent partout en Chine; mais la Chine a aussi des dessins qui lui sont propres, les uns légers et gracieux, les autres bizarres et tourmentés. Elle a cherché dans le caprice l'imprévu et la variété; les anciens cherchaient dans la symétrie, dans des proportions absolues, dans la fidélité et la perfection de l'art, cette beauté véritable que toutes leurs œuvres nous enseignent. Ils usaient aussi de matériaux meilleurs : la brique et le bois forment les éphémères demeures d'un peuple ancien, qui confie aux seuls livres le soin de sa mémoire; le marbre et le bronze ont conservé la trace d'Athènes et de Rome : ces cités mortes ont laissé ce grand vestige, et leurs âmes immortelles planent encore sur nous.

Assurément, la Chine immense a des granits et des marbres; elle a des édifices pesants et des villes de pierre, mais elle en a peu. L'architecture n'y est pas partout la même, mais elle s'y ressemble assez partout : dans quelques lieux, on voit de hautes maisons, des habitations massives et sans cours. Il y a dans le Sud une architecture tourmentée et surchargée d'ornements de mauvais goût; ailleurs, des constructions massives et grossières; à Pékin, des réminiscences tartares, des mâts, des galeries, des entrelacements, des assemblages de bois sculpté, que toute l'Asie connaît et qui se retrouvent à Constantinople, cette autre capitale tartare. On peut se

34 VIE PRIVÉE.

borner cependant à considérer l'architecture domestique des Chinois dans son type le plus fréquent, et c'est ce que je ferai ici.

Les maisons sont quelquefois précédées d'une cour; la porte est alors exhaussée

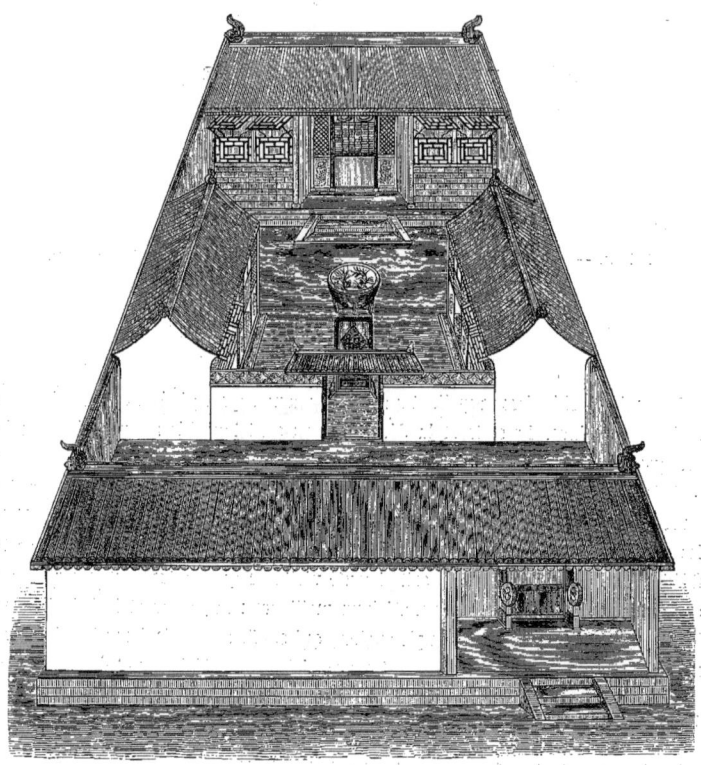

PETITE HABITATION FORMÉE D'UN PREMIER CORPS DE LOGIS ET DE TROIS MAISONNETTES.

On remarquera la situation de la porte; l'écran, pin-foū; et le vase, kin-yu-kañ, placé au milieu de la cour.

de quelques marches et protégée par un auvent. Le haut du mur est à jour; les briques ou les tuiles qui le forment présentent divers dessins, croix, rosaces, etc. : c'est ce qu'on appelle xwa-tsyañ.

Sur les deux battants de la porte, on remarque habituellement des figures sur papier ou sur toile grossièrement imprimées en couleur : ce sont les génies des portes, mön-men. Il y a souvent sur et aux côtés de la porte divers écriteaux : celui qu'on place au-dessus, appelé pyen et xɐñ-pi, est en bois ou en papier ; il porte une

PORTE DE MAISON.

On remarquera les génies des portes, mön-chèn; les écriteaux, toi-lyen; et le haut des murs bâti à jour en tuiles, xwa-tsyañ.

devise ou une maxime. Il en est de même du toi-lyen collé aux côtés de la porte. Cette habitude de mettre des devises et des maximes sur les portes se retrouve en Europe; on l'observe surtout en Hollande. Presque toutes les maisons de campagne situées aux environs des grandes villes y sont ornées d'inscriptions latines ou grecques. A côté et en dehors du toi-lyen peut se placer le mön-pay, carré ou oblong suivant les lieux, qui porte le nom du maître de la maison.

D'après un ouvrage sur l'art militaire, qui donne divers modèles de mön-pay tombés en désuétude et qui peut-être même n'ont jamais été usités, on peut considérer le mön-pay ordinaire d'un cultivateur comme une feuille divisée en treize colonnes verticales partant de la droite et portant :

L'espèce de feu, le nom, l'origine, l'âge, la profession du chef de famille, le nom de sa femme ;
Le nom de sa terre, le lieu où elle est située, sa nature (à riz ou à blé, etc.) ;
Le nom et l'âge de ses ascendants ;
Le nom, l'âge, la profession de ses frères, de leurs femmes et de leurs enfants ;
Le nom, l'âge, la profession de ses propres enfants mâles ;
Les mêmes renseignements sur ses petits-enfants mâles ;
Les mêmes sur ses filles ;
Les mêmes sur ses petites-filles ;
Le nombre de ses domestiques ;
La mention des hôtes logés sous son toit ;
Le nombre total des personnes nommées ;
Le nom de la commune, pao, et celui du commissaire de police ;
La date du document.

Après avoir franchi la porte, on contourne un écran de brique appelé pin-foñ, destiné à préserver l'intérieur de l'habitation des regards extérieurs. La porte est rarement, d'ailleurs, en face des pièces habitées, et on la place de préférence à l'une des extrémités du bâtiment ou du mur de la cour. Un grand vase placé au centre de la principale cour s'appelle kin-yu-kañ. Si l'habitation est grande, il y a plusieurs cours : chacune d'elles a, surtout dans le Nord, un petit bâtiment détaché sur chacune de ses faces. Chacun de ces bâtiments compte une, trois ou cinq pièces : on entre par celle du milieu. Les bâtiments et chambres placés sur la droite et la gauche de la cour s'appellent syañ-fañ ; le bâtiment en face de la porte comprend, au milieu, le ta-tin ou ko-tañ, sorte de passage, de vestibule ou de salon, qui est le *tablinum* des Romains, et à droite et à gauche de cette pièce, les chambres appelées tuen-fañ. La seconde cour offre la même disposition. En face du ta-tin est le tañ-wʊ : c'est dans le fond de cette pièce, qui sert de salon de famille, que se placent les tablettes des ancêtres, les images des dieux lares et protecteurs. Lorsqu'il n'y a pas de tañ-wʊ, leur place est dans le ta-tin. Les chambres ou appartements, tuen-fañ, attenants au tañ-wʊ, sont occupés : ceux à droite en entrant, c'est-à-dire à gauche des autels domestiques, par le père et la mère, et ceux à gauche en entrant par leur fils aîné et les siens. Le

FAÇADE D'UNE MAISONNETTE.

Par la porte ouverte, dont le store est relevé, on voit le milieu de la pièce occupé par une table; les fenêtres, doublées en papier blanc, sont pourvues au milieu de petits vitraux.

seçond fils occupe le tuen-fañ attenant au ta-tin, qui correspond à celui du père de famille. Les autres logements sont distribués entre les autres enfants et les serviteurs d'après cette même règle, qui les classe du fond vers l'entrée et de la gauche à la droite en partant du fond.

Un fañ ou appartement (littéralement maison, demeure) se compose fréquemment de deux pièces : la première, un peu plus grande, appelée wʊ-tsö, est une sorte de salon ou une grande chambre; la seconde, appelée tao-kyen, est une chambre ou un cabinet.

Dans le nord et dans une grande partie de la Chine, les murailles des pièces habitées sont tendues d'étoffes ou couvertes de papier peint. Ce papier ne se vend point en rouleaux, comme le nôtre, mais en petits carrés dont la dimension varie entre $0^m.346$ sur $0^m.266$, et $0^m.994$ sur $0^m.625$. Il porte des rosaces, des fleurs, des bambous; le prix en est fort modique : le mètre carré de papier à rosaces et reflets argentés revient à environ 11 centimes.

Les portes et les fenêtres sont souvent garanties du soleil par des nattes. A Tyen-tsin, on tend au-dessus des cours des sortes de tentes formées de toiles ou de nattes, et qui se manœuvrent comme le *velarium* des théâtres romains. Les fenêtres sont fermées par des châssis assez serrés et très-élégants, de bambou ou de bois, qu'on peut relever. Une petite vitre de couleur, quelquefois même trois ou cinq de ces vitres en occupent le centre ou divers points; le reste est, sur la partie qui regarde l'appartement, recouvert de papier non de chiffon, mais de coton brut : ce papier, très-solide, brave la pluie et tamise la lumière comme nos rideaux blancs. On le change ordinairement chaque année, en automne.

Les vitres, dont l'usage commence à s'introduire en Chine, pourront y devenir l'objet soit d'un commerce, soit d'une fabrication très-étendue.

On suspend symétriquement, dans les pièces habitées, de longues bandes portant des inscriptions verticales. Ce sont encore des toi-lyen ou toi-tsö. On y place aussi des tableaux d'une forme analogue, par jeux de deux, de quatre ou de six, et appelés kwa-piñ ou tyao-fʊ, et quelquefois par jeux de douze, et appelés alors wei-piñ.

On ne connaît guère, en Europe, le dessin et la peinture des Chinois que par les albums sur papier dit de riz, rapportés de Canton, où on les fabrique pour l'exportation. Il s'en faut de beaucoup que l'art chinois s'arrête à ce niveau. La Chine a plusieurs écoles et plusieurs genres de peinture. Il y a eu une école des jésuites Castiglione, Attiret, etc.; il y a une école moderne à Canton, mais il y a aussi d'anciennes écoles chinoises. Il y a la peinture fine exécutée sur soie, la peinture rapidement jetée sur papier non collé, par des mains habiles qui savent se priver de retouches; il y a, enfin, l'esquisse hardie à l'encre : on m'en offrit une, un jour, d'un grand

RÉDUCTIONS TRÈS-FIDÈLES DE DEUX PEINTURES CHINOISES TRÈS-LÉGÈREMENT JETÉES SUR PAPIER NON COLLÉ.

maître qui vivait, au siècle dernier, dans le Kyañ-nan; elle représentait en demi-grandeur, et avec d'excellents raccourcis, un Mantchou et son cheval. Je refusai d'en donner neuf cents francs; je l'ai regretté depuis. La figure humaine est rarement bien traitée; la perspective n'est pas toujours mauvaise, mais elle est toujours prise d'en haut, comme à Pompéi et en général dans les œuvres anciennes. Le dessin d'un ermitage donné dans la partie de cet ouvrage qui traite de la religion, à la page 91, permettra d'en juger. Dans la même partie, aux pages 50, 52 et 75, on trouvera de bons spécimens de dessin chinois. Je recommande aussi quelques gravures que j'ai fait copier : ce travail a été fait avec une exactitude parfaite. Les oiseaux et les vases à fleurs que je donne ici rendent admirablement aussi le dessin original et permettront de juger mieux des arts du dessin en Chine. Les peintures que j'ai fait exécuter moi-même, et dont les gravures sont répandues en plus grand nombre dans ce livre, sont médiocres; les artistes me manquant, j'ai dû me contenter de l'exactitude des détails que je voulais faire connaître au public européen.

Les mobiliers chinois sont variés et souvent d'une grande élégance. Les Chinois, plus civilisés que les Arabes et les Turcs, font habituellement usage de siéges, de lits et de tables de même forme que les nôtres. Le bambou ou le rotin entrelacés, l'ébène et les bois durs habilement travaillés, divers marbres, parmi lesquels le marbre ruinaire, en fournissent les matériaux. Les siéges ne sont point rembourrés, mais seulement recouverts de housses non cousues, habituellement rouges. Les tables sont couvertes de même par une housse qui en cache le côté tourné vers la porte, et qu'on appelle tuso-myen ou tuso-lyen, c'est-à-dire la face de la table. Le siége appelé kañ est une sorte de banc à dossier, long de cinq à six pieds, large de deux à quatre, et divisé en deux portions, pouvant recevoir chacune une personne, par une petite table dite kañ-tuso, de la même hauteur que les bras du meuble (environ un pied), sur laquelle on pose les théières, les tasses et les pipes.

C'est sur le kañ qu'on fait asseoir les visiteurs distingués : on les y fait placer à gauche ou à droite, suivant leur rang. On peut remplacer le kañ et le compléter par des tables de chaque côté desquelles se trouve un siége. On offre le thé sur la table du kañ ou sur ces tables.

La boiserie des lits est soignée et de bon goût. La couche est peu garnie : dans le Sud, elle est souvent à jour et reçoit des nattes fines; dans le Nord, elle consiste en un foyer percé à sa base d'une petite ouverture par laquelle on introduit des pailles de sorgho ou du menu bois. La chaleur s'y répand à travers des canaux adroitement ménagés entre les briques. On allume le foyer le soir, et l'on est souvent obligé de l'alimenter pendant la nuit. Ceux qui, comme moi, aiment les lits durs et détestent le poids des couvertures et des draps trouvent ce mode de couchage préférable à tous

RÉDUCTION TRÈS-FIDÈLE D'UN TABLEAU CHINOIS SUR SOIE.

les autres; il n'y en a pas de meilleur pour des soldats qui doivent coucher vêtus. On avait cependant imaginé de les remplacer, dans quelques maisons de Tyen-tsin, par des lits de camp où les hommes étaient glacés. Les habitudes acquises dominent trop souvent ainsi ceux qui commandent; d'aveugles préjugés viennent s'y joindre : c'est ainsi que l'on représentait comme insalubres et qu'à défaut de vin on ne distribuait point aux soldats les eaux-de-vie chinoises, peu agréables peut-être, mais assurément salubres, puisque des centaines de millions d'hommes en boivent sans inconvénient depuis des siècles. L'une des premières recommandations à faire à tous les officiers qui en pays étranger commandent des troupes devrait être d'observer avec soin la manière de vivre des habitants, afin d'y puiser constamment des leçons.

Les appareils de chauffage sont tantôt de grands et hauts *braseros* de cuivre, pareils à ceux qu'on voit en Espagne et en Orient, et qu'on alimente avec du charbon de bois; tantôt des poêles mobiles de cuivre ou de faïence, ces derniers cylindriques, ceux de cuivre habituellement de forme sphérique, soutenus sur trois ou quatre pieds et couronnés d'une sorte de plateau carré percé d'une petite ouverture : c'est par cette ouverture qu'on y introduit des boules faites d'anthracite menu, mouillé et façonné comme un mortier, puis séché au soleil. Ces boules brûlant sans fumée, il n'y a pas besoin de recourir à un tuyau. Ni ce système, ni les braseros, ne présentent les inconvénients qu'une science de cabinet pleine de préjugés veut y voir : il faut seulement que le brasero soit allumé au grand air et qu'on ne l'introduise dans les pièces habitées que lorsque tout le charbon est incandescent; si l'on a négligé cette précaution, et que l'acide carbonique paraisse en excès, on perce avec le doigt le papier d'une fenêtre ou l'on ouvre une petite vitre. Les maisons ferment si mal, en Turquie, que cette précaution n'y serait pas même nécessaire. Les cheminées auxquelles on se brûle sont assurément plus dangereuses que le brasero, expérimenté par assez de peuples et assez de temps. La seule objection qu'on y puisse faire, et c'est la plus grave de toutes, est qu'il chauffe assez mal. Le poêle chinois, comme tous les poêles, chauffe au contraire très-bien et sa forme est bien entendue.

Les plafonds sont souvent ornés de lanternes peintes ou de lanternes de corne admirablement divisée et réunie avec un grand art. Les chandeliers de cuivre ou d'argent sont travaillés avec goût.

Les coffres qui renferment les effets, souvent superposés et s'ouvrant de côté, comme des buffets, forment de grandes et belles armoires à fermoirs de cuivre poli : des casiers tourmentés contiennent divers petits objets, des jardinières, des vases, des tabatières en forme de flacon où le tabac se puise à l'aide d'une spatule adhérente au bouchon, des jʉ-i, des colliers, des éventails, des chasse-mouches, des brûle-parfums, des statuettes, des encriers, des compteurs, des livres, enfin, divisés en minces cahiers enveloppés d'un cartonnage qui se ferme avec des chevilles d'ivoire. Il y a partout des livres; les paysans du Tmi-li, qui passe pour la Béotie de la Chine, en avaient tous : c'étaient des almanachs, des traités de culture, des récits miraculeux, des ouvrages classiques, des histoires de voleurs, des chansons et des romans plus ou moins moraux. Partout aussi l'on trouve de petites collections. Les Chinois, comme les Hollandais, ont la passion du biblot. Je ne la partage point; mais je ne puis y voir que la marque d'un caractère doux, d'un esprit rangé, comme je vois dans la malpropreté des nations méridionales de l'Europe l'inséparable stigmate de leur ignorance et de leur paresse.

Le costume des Chinois, plus commode que celui des autres peuples de l'Asie, est assez varié : très-long et très-ample chez les riches, très-réduit et très-simple chez les travailleurs, il présente chez les gens d'un état moyen quelques traits tels que les chausses collantes, le chapeau mou, la veste serrée comme un justaucorps ou la demi-robe entr'ouverte qui rappellent les bourgeois français du siècle de Louis XI.

Il consiste d'abord, pour les hommes, en une chemise courte, un caleçon, des bas cousus, le tout en toile de coton généralement belle et épaisse quand elle est faite en Chine et particulièrement dans le Kyañ-nan, sans force, au contraire, quand elle provient des économiques importations anglaises. Les toiles de Chang-haï ou de Suñ-kyañ, larges d'un pied, valent de 11 à 12 centimes le pied. Celles de Tyen-tsin, moins bonnes, mais un peu plus larges, se vendent à un prix équivalent.

Le caleçon est tenu par une ceinture qui porte la bourse, disposée de façon à recevoir la montre. Un col de velours se ferme autour du cou, et par des appendices se rattache en avant et en arrière à la ceinture. Des jambières en soierie de couleur, qui se rattachent à la ceinture, emprisonnent les jambes jusqu'au-dessus du genou.

Une robe ou une demi-robe de soie à manches longues, serrée à la taille par une autre ceinture à boucle dorée et se boutonnant près de l'épaule gauche par un seul bouton, couvre ces premiers vêtements et est couverte elle-même par une autre robe ou une veste. On emploie en Chine beaucoup de draps russes, larges de quatre pieds cinq pouces. Le prix de ces draps varie, suivant la couleur et la qualité, entre 5 francs et 7 fr. 50 cent. le pied. Les velours russes noirs, larges d'un pied trois pouces, se vendent 75 centimes le pied; les velours chinois, de la même largeur, valent 2 et 3 francs. On porte, surtout dans le Nord, beaucoup de fourrures zibeline, renard doré, astrakhan, etc. : on les double en soie et on les porte tantôt le poil en dehors, tantôt le poil en dedans. Les fourrures, fort usitées dans le nord de l'Asie, l'est et le nord de l'Europe, l'étaient également parmi nous il y a quelques siècles. Le nombre des pelletiers était énorme à Paris. On chauffait mal les maisons, et l'on vivait plus au dehors. Je crois que cette manière de vivre valait mieux que la nôtre. L'usage des fourrures est bien préférable à celui de nos vêtements d'hiver, lourds, durs et étriqués. Il est à remarquer, du reste, que pendant l'été les Chinois se couvrent à peine, et que, même dans le Nord, les gens du commun vont presque nus, et les marchands ne sont souvent couverts que d'un caleçon et d'une large chemise blanche.

Les coiffures sont la calotte, le chapeau mou, le chapeau d'hiver à bords relevés et inflexibles, et le chapeau d'été, de paille et de forme conique. Les chaussures sont des pantoufles à semelle mince, des souliers de feutre ou de velours, à haute semelle, brodés avec goût, et des bottes de soie à semelle également très-haute.

Les Chinois, non plus que les Turcs, ne savent pas encore distinguer, dans la fabrication des chaussures, le pied droit du pied gauche : c'est le plus grand inconvénient de leurs chaussures, qui sont un peu lourdes, mais très-chaudes et suffisamment imperméables.

En cérémonie, on porte des vêtements longs, les manches abaissées sur les mains ; des bottes, et les chapeaux d'hiver ou d'été : on n'ôte point ces chapeaux, mais on ôte la calotte devant les magistrats, lorsqu'on paraît devant eux avec cette coiffure négligée. La queue, dont l'extrémité est garnie d'une tresse de soie, se roule souvent autour de la tête ; mais il serait inconvenant de paraître ainsi dans la rue ou devant des supérieurs. Les domestiques la laissent toujours pendre lorsqu'ils servent : l'oubli de cette règle, chez quelques Européens, donne à leur maison les allures d'un cabaret.

Les femmes portent généralement des robes ou des paletots de soie à manches courtes et très-larges, échancrés au cou, croisés sur la poitrine et garnis sur les parements de broderies larges et fort élégantes. La manière d'arranger leurs cheveux varie de district à district, et rappelle dans quelques endroits, par sa disposition et par l'usage de grandes épingles, certaines coiffures italiennes. La tête est quelquefois ornée de petits diadèmes en métal encadrant ou soutenant des fleurs et des papillons en plumes d'un beau bleu de lapis et d'un effet très-gracieux.

On sait que les pieds des femmes sont habituellement réduits et déformés par la compression : il est à remarquer qu'ils le sont suivant des méthodes très-différentes sur divers points de l'empire. C'est ce dont ne se doutent pas les touristes et les médecins qui publient pour la millième fois les mêmes contes ou les mêmes détails anatomiques. Les femmes mantchoues, celles de la famille impériale même, ne connaissent point cette mode barbare, et si leurs pieds sont petits, c'est à la nature seule, qui les a fort bien traitées, qu'elles en sont redevables. La plupart des femmes chinoises du peuple, surtout dans les provinces où elles travaillent à la terre, sont également soustraites au supplice de la réduction des pieds. Les petits souliers brodés, hauts et courts, des Chinoises, ressemblent à des pieds de biche. Il y en a de plusieurs modèles. Pour les femmes et même pour les hommes, la mode chinoise a, en effet, plusieurs capitales. Un homme habillé à Pékin attire l'attention à Chang-haï et à Canton, bien que les particularités de son costume ne frappent pas les Européens. La mode varie de plus aussi fréquemment en Chine qu'ailleurs; il suffit d'aller voir jouer au théâtre quelques pièces historiques pour en recevoir la preuve.

Il est naturel que ceux qui n'y sont point accoutumés n'aiment point la cuisine chinoise. Tous les Français n'aiment ni la bouille-abaisse dont je fais grand cas, ni la choucroute dont l'Alsace fait ses délices; les Anglais d'une classe peu élevée ne peuvent non plus se faire à la cuisine française; enfin, il en est de la cuisine chinoise comme de la nôtre, elle ne supporte pas la médiocrité.

Elle est, en effet, très-délicate; c'est une cuisine de petits plats choisis, soignés, et surtout admirablement dressés. Les barbares servent des moutons entiers : nous servons encore les viandes avant de les découper, on les découpe même souvent à table; on sert le melon avec son écorce, qui remplit l'assiette et glisse sous le couteau. Les Chinois sont plus raffinés : comme ils se servent de bâtonnets, kwai-tsŏ, avec lesquels ils ne peuvent saisir que des morceaux tout coupés et de la grandeur d'une bouchée ordinaire, ils servent toutes leurs viandes découpées ainsi, ce qui leur permet de les mélanger suivant certaines règles et d'y mêler des condiments déterminés. Ils découpent de même les fruits; ils servent le melon, les poires, les pommes, divisés en petits cubes, les oranges débarrassées de leurs pepins et recouvertes de leur peau rajustée au fruit après avoir été façonnée en étoile, en crabe ou en polype. La Chine s'étend du tropique à des terres glacées; les climats torrides n'y sont point séparés par la mer des climats tempérés : la Chine a tous les fruits et tous les légumes des contrées les plus heureuses; elle en a qu'elle seule possède; elle a le gibier mantchou et le gibier des plaines cultivées, le poisson de mer et celui de ses fleuves immenses. De Canton à Pékin, tout cela se transporte constamment, tantôt par terre, tantôt par mer; et de toutes les capitales du monde, il n'est que Londres peut-être où les produits des tropiques soient plus abondants et meilleurs qu'à Pékin. Paris même n'a pas de meilleurs fruits, et les choux blancs du Pei-xo, supérieurs à tous les autres, se vendent sur tous les rivages de la Chine.

Il serait extraordinaire qu'avec un soin raffiné et de tels éléments la cuisine chinoise fût mauvaise. Je l'ai, quant à moi, mangée pendant des mois entiers, la trouvant non-seulement supérieure à une cuisine européenne hasardée, mais encore excellente : plusieurs de nos officiers l'ont comme moi longuement expérimentée, et s'en sont montrés satisfaits; d'autres en ont à peine approché leurs lèvres, ou se sont contentés d'en entendre parler et de lire ce qu'en rapportaient des touristes qui, après avoir servi de bouffons aux Chinois, venaient montrer à l'Europe une Chine bouffonne. Ceux-là condamnent la cuisine chinoise; ils la croient composée de ragoûts de chien, de confitures de crapauds et de pâtés de cloportes à l'huile de ricin (1). Il est possible que de pauvres affamés ou les semi-Chinois de Canton se repaissent parfois de mets étranges, mais presque toute la Chine les ignore; et bien que j'aie cherché à varier mes menus pour connaître tout ce que mangeait le peuple chinois, on ne m'a jamais servi que des viandes et des condiments connus de l'Europe, employés dans l'Inde, ou tout au moins et toujours acceptables à des hommes civilisés et délicats.

C'est à peu près ainsi que nous autres Français passons en Angleterre pour nous nourrir de grenouilles; il y a même à Boulogne des restaurants où les *cockneys* de Londres viennent manger ce plat prétendu national des Français, *frog-eaters*.

Pour moi, je ne vis ni de chien, ni de grenouilles; mais, sans préjugés et dégagé de toute habitude, je mange partout ce qui me paraît bon : j'aime la cuisine française, j'estime beaucoup de mets italiens et turcs, je choisis en Angleterre, je ne mange qu'en tremblant dans certains autres pays de l'Europe, et je dois dire que j'ai trouvé en Chine des faisans fort délicats, des canards fort gras, des jambonneaux gros comme le poing et exquis, des rougets accommodés à une excellente sauce, des raviolis, des macaronis, des vermicelles très-bons, des gâteaux semblables aux nôtres, celui, par exemple, que nous appelons génoise; du pain grillé, un peu massif, mais croquant comme le pain espagnol; enfin toutes nos victuailles et beaucoup de nos plats, soit que les jésuites qui nous ont apporté le dindon aient donné aux Chinois des leçons de cuisine; soit que les Tartares, qui vivent un peu comme nous et mangent de gros rôtis, aient introduit ces heureuses règles, soit enfin que les Chinois eux-mêmes aient de tout temps su faire une bonne cuisine. Je ne veux pas ici écrire le cuisinier impérial de l'Asie; désirant cependant donner une idée d'un repas chinois, je choisis dans mes notes le menu d'un dîner que j'ai offert à quelques officiers, et qui fut servi conformément aux règles les plus suivies, car on comprendra qu'en Chine comme en France l'ordre du service peut varier d'une province à l'autre.

Premier service, appelé tyen-tsin, consistant en seize soucoupes de salaisons et fruits; chaque soucoupe contenant deux objets de nature assez analogue, appelés pour cela xan-man, ou chinois mantchou, comme nous disons les *quatre mendiants*,

---

(1) Il y a la très-jolie mais peu véridique histoire d'un plénipotentiaire européen qui, dînant à côté d'un ministre chinois, voulut lui demander le nom d'un plat qui avait fait ses délices. Ne sachant pas le chinois, et pensant que ce devait être du canard, il l'interrogea par le mot de la langue universelle, *couac-couac*. — *Waw-waw*, répondit le Chinois. C'était du chien.

UN DINER DE FAMILLE DANS LE NORD DE LA CHINE.

On remarquera un principal plat qui va être changé et huit hors-d'œuvre, les bâtonnets, les cuillers en faïence et les très-petites tasses à eau-de-vie. Un serviteur porte l'eau-de-vie dans une aiguière; deux autres fument, l'un une pipe ordinaire, l'autre, derrière la table, une pipe à eau. Le tableau représente un daim apportant le lin-tchī tsao, plante merveilleuse qui guérit tous les maux. Sur les toï-lyen, on lit des vers dédiés sur le réveil de la nature par un ministre. Sur la table du fond, on voit une pendule, un brûle-parfums, des chandeliers, etc.

à savoir : quatre soucoupes de leñ-xʙn, lard et jambon froid; quatre de kan-kwo, ou fruits secs, lechi (en chinois, xwei-yuan), amandes, etc.; quatre de syen-kwo, ou fruits frais, oranges dressées, raisins, poires blanches (pei-li), mö-tsö, châtaignes d'eau découpées; quatre de mi-tsyen, ou fruits confits, parmi lesquels les oranges du Fo-kyen, dites kiñ-kö, tsin-kwo et kan-lan, de la forme et de la grosseur d'une olive, et dont on mange la peau seulement.

Syao-wan, douze plats, jö-tmao, à savoir :

Tsñ-sun moo-kʙ, pousses de bambou, d'un goût approchant de celui de nos cardons, mais plus fin, aux champignons de la Mantchourie;

Шya-jen, crevettes avec une sauce relevée;

Kan-pey, mollusque assez insipide;

Ko-tan, œufs de pigeon bouillis dans la graisse, mous et flexibles, avec une sauce aux pousses de bambou;

Yu-tsö, ailerons de requin gélatineux, mais un peu croquants : plat cher, mais médiocre, auquel je préfère le suivant;

Yu-too, estomacs de poissons gonflés et un peu aplatis, bouillis dans la graisse;

Ko-tsö, pigeons en ragoût;

Ki-pyen, poulet découpé en petits morceaux, avec des filets de jambon;

Min-kʙ, boules blanches et croquantes d'os ou de colle de poisson avec une bonne sauce;

Tsi-tsae tmao-tsñ-sun, herbe sauvage et bambou hachés;

Ko-syen-mi, petit cryptogame arrondi (*Nostoch edule*), qui vient du Xʙ-nan et coûte cinq francs la livre; le goût en est peu prononcé, mais assez délicat.

Je ne retrouve pas le douzième plat.

Second service, tyen-tsin. Quatre assiettes de petits pains, dont deux de pains de riz, à savoir : des pains sucrés dits myen-kao, cubiques, mous et parfumés à la violette; d'autres salés dits nʙo-mi mao-tao, arrondis, mous, et contenant de la viande de porc; deux assiettes de pains de froment, les uns sucrés dits simplement man-tao, et les autres salés formant des beignets de poisson; du thé jaune des qualités dites mao-tsyen et myañ-pyen, sans sucre. Ces thés, légers et délicats, valent cinq francs la livre; ils n'ont que peu de rapports avec les thés achetés un schelling en Chine, exportés en Angleterre et ailleurs, après avoir été grillés ou enfumés, teints, parfumés, etc. Une eau brune et trouble, d'un goût empyreumatique, constitue le thé anglais. La Chine et la Russie en connaissent un autre.

Huit plats dits ta-tsay, à savoir :

Yen-wo, ou nids d'hirondelles en filaments minces, servis en potage avec des œufs de pigeon transparents par cuisson vive et arrêtée : le yen-wo est un plat cher, son

REPAS. 49

prix s'élevant, pour une dizaine de personnes, à quarante francs environ quand la qualité en est bonne : je lui trouve peu de goût ; on le dit aphrodisiaque, ainsi que le yu-tsö et d'autres mets ;

Canard en sauce ;

Pao-yu, substance plate, coriace, provenant d'un poisson ;

Kʊñ-kan, grandes moules bouillies ;

Tsin-tŏe yu-too, estomac d'un grand poisson en morceaux blancs et opaques ;

Xʊñ-mao-yu, poisson avec une sauce rouge : plat très-bon ;

Moo-kʊ ki, poulet aux champignons de Mantchourie ;

Xʊñ-tʊ-ti-tsö, jambonneau bouilli très-délicat.

Rôtis, mao-jao. Quatre plats de viandes rôties découpées ; deux de viandes dites blanches en Chine, à savoir un quadrupède et un oiseau, mouton et poulet, et deux de viandes dites rouges, à savoir un quadrupède et un oiseau, porc et canard.

Pendant le dîner, on renouvelle souvent les hors-d'œuvre ; on mange avec tous les plats soit du riz bouilli, fan, soit du pain mou, man tao, soit du pain grillé, mao-piñ ; on boit de l'eau-de-vie, tsyeʊ, servie chaude, dans de petites tasses qu'on tient toujours pleines, par un domestique qui la porte dans une sorte de grande aiguière d'argent. On ne boit jamais d'eau en mangeant, ni hors des repas ; le thé y supplée toujours. L'eau-de-vie provient soit du riz, soit du blé, soit du kao-leañ, ou sorgho. Il nous fut servi ce jour-là une eau-de-vie de sorgho et quatre eaux-de-vie de riz dites mei-kwey, fʊ-tmen, tyen-mi et yao-mao, légères, un peu sucrées, jaunes ou blanches, et moins empyreumatiques que les qualités communes. On cite encore, en Chine, les eaux-de-vie dites kwo-kʊñ-yué, foñ-kañ, yuan-mao, et celle de mao-miñ, dans le Tmö-kyañ. Les eaux-de-vie de sorgho de Tyen-tsin sont très-renommées, et il paraît, d'après certaines mesures prises par le gouvernement russe, qu'il s'en faisait en Russie une importation excessive.

Les Chinois aiment beaucoup la variété des plats ; mais chaque plat est petit. Cinq ou six amis vont dîner ensemble dans un restaurant, et prennent dix ou douze plats pour dix ou quinze francs ; à deux ou trois, un dîner analogue leur coûterait cinq francs. Des maçons se réunissent pour dîner : chacun porte une soucoupe, qui de légumes, qui de poisson, qui de haricots fermentés simulant du fromage, et en définitive ils font un repas meilleur que celui de nos ouvriers. Toute industrie et tout commerce sont, d'ailleurs, libres en Chine comme à Londres, et le peuple vit à bon compte dans des villes sans octroi ; mais aussi il vit bien, et il est remarquable que tous les peuples laborieux font de même, tandis que la sobriété distingue les peuples fainéants : l'Anglais se nourrit bien, l'Arabe vit de peu et boit de l'eau pure. Le riz est, du reste, un excellent aliment, léger, salubre, facile à préparer. On le dit moins nutritif que le blé, parce qu'il contient moins d'azote : les Chinois mangent le même poids de riz que les Français de pain, et cependant ils sont, n'en déplaise à la théorie, aussi forts que les Français ; ils n'ajoutent cependant pas toujours du poisson sec ou même du thé à leur riz, et ne mangent pas plus de viande que les paysans français ou les paysans anglais, plus robustes eux-mêmes que les ouvriers des villes nourris de bœuf et de charcuterie.

Quelques indications suffiront à montrer ce que coûte en Chine, aux indigènes bien entendu qui n'ont pas nos habitudes, la vie matérielle. Mes notes se rapportent à Pékin ; les prix sont plus élevés à Chang-haï, de 50 pour 100, sauf en ce qui concerne, par exemple, le sucre qui y coûte moins.

Par tan de 140 à 160 livres, on vend moyennement :

Le sorgho.	5 à 8 francs.
Le riz.	15 à 25 francs.
A Chang-haï, en général.	15 francs.
Le nouo-mi, pour distiller et pour la pâtisserie.	22 francs.
Le syao-mi, petit millet.	8 à 10 francs.
Le xwañ-tao, pour huile de lampe et fromage chinois.	12 francs.
Le tsin xwañ-tao, même usage.	15 francs.
Le xei-tao, pour les chevaux.	10 francs.
Le lu-tao, mangé et employé à faire le fromage dit tao-fou	20 francs.
Le grand blé, pour distiller.	12 francs.
Le petit blé, pour faire du pain.	22 francs.
Le yu-mi.	12 francs.
Le kyañ-tao, qui se mange.	15 francs.
Loyer par chaque pièce habitée ou non habitée et par mois.	2 fr. 50 c.
Mouton, la livre.	3 à 4 sous.
Bœuf (idem).	4 à 5 sous.
Porc (idem).	10 sous.
Poules et canards (idem).	9 à 12 sous.
Chandelle de suif (idem).	7 à 8 sous.
Chandelle d'arbre (idem).	12 à 13 sous.
Eau-de-vie et huile (idem).	7 à 8 sous.
Sucre blanc (idem).	14 sous.
Riz blanc (idem).	3 à 4 sous.
Charbon de terre, le quintal.	2 fr. 50 c.
Charbon de bois (idem).	8 à 10 francs.
Dîner commun consistant en quatre grands plats et six petits pour quatre personnes.	8 francs.
Thé, la livre.	50 cent. à 5 fr.
Thé et pipe dans un établissement public.	1 centime et demi.

PRIX COURANTS.

Visite de médecin (on paye la chaise à porteurs) . . . . 1 fr. à 1 fr. 50 c.
Se faire faire la queue. 1 sou.
Se faire raser la tête . . . . 3 sous.
Salaire d'un ouvrier. . . . . 20 à 25 sous.
Salaire d'un journalier . . . . 7 à 8 sous et quatre
ou cinq repas de riz.

Gages d'un domestique, par mois . . . . 12 à 15 francs.
Briques plus grandes que celles de Chang-haï, le mille . . . . 30 à 35 francs.
Briques à Chang-haï . . . . 15 à 18 francs.
Tuiles, la moitié du prix des briques.

INSTRUCTION PUBLIQUE

Instruction réelle. — Nature des études. — Examens. — Nombre des lettrés. — Situation des lettrés. Académies. — Programme d'études.

L'expérience et l'étude m'ont fait voir l'inégalité des races humaines ; mais dans une même race elles me montrent des hommes absolument égaux.

Le génie, en effet, n'est qu'un rare accident; les familles illustrées par de grands services sont partout en petit nombre. Ces exceptions confirment une règle qu'aucun hommage librement accordé ne détruit ou ne menace. La fortune, extérieure à l'homme, rappelle par ses retours l'égalité qu'elle semble détruire.

C'est par l'intelligence que les hommes sont hommes. La faculté d'apprendre est plus vaste que tout le savoir recueilli dans le passé. Celui qui sonde les espaces du ciel n'a point droit de mépris sur celui qui laboure les plaines de la terre : ils n'ont chacun qu'une âme, et celle du paysan n'est point vide.

Sans doute, un savoir vrai, profond, varié, peut désigner à l'opinion publique les meilleurs guides de la cité ; mais ici, point de malentendu : pas plus que les titres ne font des nobles, les examens ne font des sages, et quand une tutelle lettrée, se substituant à l'autre, s'impose à la superstition du peuple, il faut ou se résigner à la décadence, ou combattre sans relâche la secte usurpatrice et lui arracher ce drapeau menteur qu'on croit celui du savoir.

La connaissance de ces lois admirables qui meuvent les mondes, qui gouvernent et renouvellent la vie, élève l'esprit humain ; la notion de quelques faits vulgaires rend facile à l'homme sa tâche de chaque jour. Il faut qu'il pense et qu'il travaille, qu'il juge et qu'il mesure, qu'il comprenne et domine de plus en plus tout ce qui l'environne.

Mais l'humanité a des serviteurs qui, manœuvres ou philosophes, observent ou concluent, ils font la science et la refont : la masse les suit de loin ; absorbée par d'autres devoirs, elle n'entre point dans un détail qu'un répertoire bien fait suffit à lui garder.

Le monde marche, et le passé n'a que peu de leçons ; le modèle n'est pas là. La liberté s'apprend dans les cités libres. Si les livres pouvaient faire des citoyens, si Démosthènes ou Caton l'avaient pu, Héliogabale eût-il régné? Chercherons-nous des aïeux parmi ces Romains dont la race s'éteint dans le Transtévère, ou dans cette antique Égypte dont trois hommes en Europe soupçonnent à peine l'histoire, qui cependant s'enseigne parmi nous?

J'aime l'histoire, et Pompéi est ma Jérusalem ; mes goûts et du loisir m'ont, après et malgré le pensum de l'enfance, guidé vers certaines études. Il est bon que quelques-uns s'y livrent sérieusement, mauvais d'en imposer le simulacre aux autres.

Car dans cet enseignement, comme dans tant d'autres choses qui nous entourent et nous enlacent, il n'y a qu'un simulacre. Une tradition du moyen âge, l'initiation à de vains mystères, hiéroglyphes, sagesse antique ou langues mortes, suivant les temps, tel est le secret d'une petite église, gras clergé des dieux de la terre, qui, aux frais de tous, donne ses dernières leçons à ceux qui ont pu payer les autres ; qui recueille le fils du lettré pauvre pour éviter que ce damoiseau ne déroge ; qui domine l'État, s'impose aux gens de loi, aux médecins, met des corporations et des privilèges à la place de cette concurrence et de cette liberté que le vrai mérite ne redoute point ; qui ne conserve, enfin, sa puissance qu'en tenant les profanes loin du temple.

Traversons le vide et les ruines blanchies qui nous séparent de 89 ; en face du prestige mort et de la chaîne des temps rompue faisons renaître la France par l'effort d'un peuple éclairé se gouvernant lui-même.

Que, dégrevés de charges excessives, la commune et le département, non l'État, ouvrent au peuple des écoles dont l'enseignement libre et varié dépasse le niveau réel du fallacieux baccalauréat ; que la liberté seule nous donne des écoles plus hautes, et nous aurons des citoyens comme l'Amérique, des hommes d'État et de science comme l'Angleterre et l'Allemagne.

Sommes-nous trop pauvres pour donner le pain de l'âme, dans ce pays de luxe et de plaisirs, dans ce pays qui peut remplacer cent mille soldats par un million de volontaires, dans ce pays que tous redoutent ou respectent, et qui ne doit aux autres que l'exemple fécond du progrès dans la liberté?

Les Chinois, depuis Confucius, ont cherché dans la philosophie, dans l'amour de la sagesse et dans l'imitation de l'antiquité la base de leur gouvernement, comme les musulmans dans la foi et dans des pratiques dévotes. Tandis que notre philosophie vacille et qu'un changement de ministre en pourrait amener un dans l'origine de nos idées ou nous priver de notre libre arbitre, la philosophie chinoise ne connaît de variations que dans ses commentaires.

Les cinq livres dits Kiñ, traitant de l'histoire, des anciens usages, renfermant diverses poésies ou des hiéroglyphes incompréhensibles ; les quatre livres Ssŏ uš, qui contiennent la doctrine de Confucius et de ses disciples, forment l'esprit et le cœur de tous les Chinois aisés, comme l'*Iliade* et l'*Énéide* effleurées, quelques fables et Télémaque, celui de tous les Français dans la même situation.

Il faut convenir que si l'étude de certains livres suffisait à faire des hommes d'État, ce ne serait pas, au moins, l'étude des Kiñ chinois qui opérerait un tel prodige. Ils sont écrits en un beau style, avec une concision que la langue chinoise pouvait seule permettre, et qu'on ne peut comparer qu'à celle de Tacite : cette concision les rend très-obscurs. En raison même de leur antiquité, ils ne peuvent contenir que des maximes politiques surannées ; leur valeur historique n'est pas bien grande. Leur morale est belle : la morale est partout la même, et il ne me semble pas, en définitive, que ces livres soient en rien supérieurs à ceux que d'autres peuples ont produits vers les mêmes temps. Ils ont eu, sans doute, autrefois une certaine valeur ; ils n'en ont plus, de nos jours, que par la curiosité qui peut s'y attacher. Personne ne serait assez fou pour nous engager à en faire la base de notre éducation, et l'écrivain qui en composerait aujourd'hui de pareils n'en retirerait pas beaucoup de gloire.

Les Chinois apprennent tout par cœur, et sans se préoccuper même d'abord du sens de ce qu'ils apprennent : ainsi, tandis que nous apprenons des idées, ils n'apprennent que des mots ; et tandis que nous arrivons à former des raisonnements, ils n'arrivent qu'à réciter des phrases. Apprendre par cœur un ensemble inintelligible d'abord, difficilement entendu plus tard, est une tâche aussi longue qu'elle est fastidieuse et ingrate : il faut une dizaine d'années d'application constante, et quelquefois bien davantage, pour arriver aux examens. Ces études ont, d'ailleurs, un caractère de patient acharnement heureusement inconnu en Europe. Tandis que nos écoliers passent, dans leurs études et dans la même journée, d'un sujet aride à un sujet intéressant, tandis qu'il leur est accordé quelques heures de récréation, l'écolier chinois, placé en face de son livre qu'il lit et récite, ou psalmodie depuis le matin jusqu'au soir, ne goûte quelque repos qu'au moment des repas ; encore en est-il beaucoup qui mangent en étudiant. Entendant un jour dire d'un magistrat que c'était un nez noir, je demandai l'explication de ce terme singulier : cela veut dire, me répondit-on, qu'il met à son travail tant d'acharnement, qu'en refusant de le cesser pour prendre son repas, tenant d'une main son livre et de l'autre son pain, il doit lui arriver souvent de mettre de l'encre dans son riz, ou d'y tremper du pain et de s'en barbouiller ainsi le nez.

Ce système féroce d'éducation a pour résultat inévitable d'abrutir ceux qui y sont soumis par le refus de tout repos et l'impossibilité de toute initiative : il n'est pas moins fatal à leur santé qu'à leur esprit. Les écoliers chinois pâlissent vraiment sur les livres ; on les reconnaît à leur teint blafard, à quelque chose de triste et de maladif que l'on ne rencontre pas chez les autres enfants. Beaucoup ne résistent point à une si rude épreuve et périssent sur leurs livres ; les plus robustes ou ceux qui ont la mémoire la plus facile arrivent seuls au port. Ce ne sont pas les plus intelligents, on doit le comprendre, qui réussissent le mieux, mais, bien au contraire, ce qu'on appelle en Chine les bœufs, c'est-à-dire ces intelligences lourdes et patientes qui traînent lentement, mais sans repos, une charrue pesante dans un sol dur et stérile. S'ils habitaient l'Europe, il y a lieu de croire qu'ils seraient forts en thèmes grecs et qu'ils sauraient par cœur la table des logarithmes.

L'instruction primaire est plus répandue en Chine qu'en France, bien que le suffrage universel n'y rende pas indispensable l'éducation des masses. Les méthodes y sont mauvaises : on y apprend, sans les comprendre, des caractères qu'il faut nommer quand le maître jette les carrés de papier qui les portent, et des livres qu'il faut réciter d'un bout à l'autre. Dans les écoles nombreuses, le prix annuel revient, en argent ou en riz, à huit, dix ou quinze francs ; dans les écoles particulières, qui comptent dix à douze élèves, ce prix est de quarante à cinquante francs. L'instruction se donne souvent à domicile. Je ne connais pas d'écoles d'internes : il doit y en avoir ; s'il en était autrement, je n'en plaindrais pas les Chinois.

Les Chinois admettent quatre grades littéraires, qui sont ceux de syeʋ-tsay, kyujen, tsin-mŏ, xan-lin. Les missionnaires ont traduit ces dénominations par celles de bachelier, licencié, docteur, académicien.

Pour obtenir le grade de bachelier, il faut se présenter d'abord au concours du myen, ou arrondissement. Après être sorti vainqueur de ces épreuves préliminaires, on se présente au concours définitif, qui a lieu, selon le gré de l'examinateur, soit dans la capitale de la province, soit dans le chef-lieu du département. Le candidat doit faire trois compositions ayant pour texte les quatre livres Ssŏ-mʋ ; deux de ces compositions, wen-tmañ, sont en prose et ont de quatre à six cents caractères chacune ; la troisième, mao-mŏ, qui est en vers, peut comprendre cent soixante caractères.

Pour devenir licencié, les compositions exigées sont : une composition, en prose, sur les quatre livres : elle doit avoir six cents caractères au moins ; une composition en vers ; une seconde composition en prose sur les cinq livres canoniques ʊ-kiñ : cette composition s'appelle kiñ-wen ; enfin, une quatrième composition appelée tsö, dont le sujet est au gré de l'examinateur.

L'examen des docteurs roule sur les mêmes matières que celui des licenciés ; il en est de même de celui des académiciens, que se réserve l'empereur.

Les docteurs sont examinés au ministère des rites, Li-pʊ, à Pékin.

Les licenciés le sont dans le chef-lieu de la province : leur examinateur principal a le titre de tmu-kao ; celui des bacheliers a celui de myo-taï ou de myo-yuan. L'un et l'autre sont des académiciens envoyés de Pékin : le premier séjourne peu dans la province qu'il visite ; le second y est en résidence fixe de trois ans habituellement, parce qu'en outre des concours qui ont pour objet l'admission des bacheliers, il doit en présider tous les quatre ou cinq mois, ou plus souvent s'il le juge à propos, d'autres moins nombreux, dont l'objet est de s'assurer que les bacheliers admis méritent la conservation de leur diplôme.

Les licenciés sont soumis tous les trois ans, comme les bacheliers, à la formalité de ces examens ; mais leur nombre étant peu considérable, leur examinateur les a bien vite passés en revue.

Les compositions se font, pour les bacheliers, dans de grandes salles ; pour les licenciés, dans des cellules. Je ferai observer, à ce propos, qu'on donne aux candidats à la licence et au doctorat, pour le travail de nuit, des chandelles de cire d'arbre qui éclairent mieux et ne salissent point le papier. Le prix de ces chandelles est très-élevé ; elles viennent de Sse-tuuen et ne servent guère que dans les examens. Toutefois je dirai, en passant, que la chandelle commune est presque toujours revêtue, en Chine, d'une couche mince de cire d'arbre.

Depuis le moment de leur entrée au concours jusqu'au moment de leur sortie, les candidats sont privés de toute relation avec le dehors. Les édifices spécialement consacrés aux examens s'appellent mʊ-yuan ; ils sont en général fort délabrés, et, hors le temps des examens, servent de refuge à des bandes de mendiants. J'ai eu un jour pour demeure un palais de ce genre, que je me suis hâté d'évacuer dès que j'ai pu obtenir un domicile plus propre.

Les examens des licenciés ont lieu tous les trois ans ; ceux des bacheliers, deux fois en trois années et une seule fois pendant les trois années suivantes. On ne fraude pas beaucoup dans les examens ; le mérite des candidats est, d'ailleurs, appréciable par leurs compositions, celles au moins qui roulent sur les quatre livres étant répandues par eux, à profusion, en dehors même du cercle de leurs amis. Toutefois, il y a peu d'années, un ministre fut exécuté à Pékin pour avoir trempé dans une fraude de ce genre.

Le candidat qui, dans les examens préparatoires présidés par le tuɯi-ɯyen, ou sous-préfet, a obtenu le numéro 1, est sûr de passer à l'examen définitif; en conséquence, le numéro 1 est toujours acheté : c'est un petit bénéfice pour le sous-préfet. Un candidat achète quelquefois d'avance la composition d'un autre candidat plus instruit : ils n'ont pour cela qu'à changer de signature. Enfin, il arrive souvent que les candidats vont passer leurs examens dans une autre province où les concurrents sont moins redoutables : ils font alors certifier par un bachelier de cette province ou un personnage officiel quelconque qu'ils sont nés dans le pays et y habitent. C'est ainsi que les candidats du Kyañ-nañ ont avantage à passer leurs examens dans le Tɯi-li, où le nombre des étudiants est comparativement très faible.

Le nombre des licenciés et des bacheliers à recevoir chaque fois a été fixé d'avance, pour les licenciés par province, et pour les bacheliers par arrondissement. On reçoit aussi un certain nombre de bacheliers, une vingtaine environ, par département, afin de ne pas décourager les candidats qui n'auraient pas pu être compris parmi les élus de leur arrondissement. D'après le livre rouge ou almanach trimestriel, le nombre de licenciés à recevoir annuellement s'élève, pour tout l'empire, à 1 245. Celui des bacheliers est de 1 600 à 1 800 pour le Tɯi-li, de 1 200 pour le Kyañ-sʋ, de 1 200 pour le Ssö-tɯuen, de 1 500 à 1 800 pour le Xʋ-pey. Cette répartition est peu équitable; on voit qu'elle a été dictée par des intérêts dynastiques. Le Tɯi-li, province très fidèle mais peu lettrée, a 229 licenciés, tandis que le Kyañ-sʋ, la province la plus lettrée, mais aussi, pendant longtemps, la plus hostile aux Tsiñ, n'en a que 69. Pour les bacheliers il en est de même. Il faut ici remarquer qu'en outre des bacheliers à recevoir par arrondissement il y a un certain nombre de bacheliers à recevoir par département, lesquels doivent naturellement être choisis parmi les plus instruits de ceux qui ont échoué aux examens d'arrondissement. Cette combinaison paraît bonne; elle ouvre à ceux qui ont succombé d'abord les dernières chances d'un jugement en appel.

Les chiffres que je viens de citer permettent d'arriver à une évaluation approximative du nombre des lettrés dans l'empire. En supposant que la vie moyenne des individus reçus licenciés soit de douze ans, il y en aurait 5 000 dans toute la Chine; en supposant qu'elle soit de dix-huit ans, leur nombre s'élèverait à 7 500. Quant aux bacheliers, qui sont plus jeunes, en leur supposant une vie moyenne de quinze ans et en prenant, comme moyenne, le nombre de 15 admissions par ɯyen, nous arriverions au chiffre de 187 000, et si nous leur donnions vingt et un ans de vie moyenne, 262 000. Nous aurions ainsi, en faisant une large part aux docteurs et aux académiciens, un total, dans le premier cas de 200 000, dans le second de 280 000 lettrés pour l'empire.

En supposant une population de 300 millions d'habitants environ (j'exposerai

SITUATION DES LETTRÉS.

ailleurs les motifs qui m'engagent à écarter les chiffres plus forts acceptés, ce me semble, avec trop de légèreté en Europe), on aurait ainsi 1 lettré sur 1 000 ou 1 500 habitants. Il s'en faut de beaucoup que le gouvernement puisse les employer tous, soit comme mandarins, soit même comme agents subalternes des mandarins; il y a, d'ailleurs, des bacheliers par achat, que l'on appelle kyen-mañ (1) et qui jouissent des mêmes droits que les autres. La condition des lettrés est, en conséquence, assez précaire; la plupart d'entre eux sont fort misérables. Il n'en est pas de même des gradués militaires; par cette raison que les jeunes gens riches, mais paresseux, qui veulent avoir le droit de porter un globule, échapper aux vexations des magistrats, et quelquefois en infliger au public, choisissent les examens militaires, qui ne roulent à peu près que sur l'adresse à certains exercices du corps.

Le grand nombre des lettrés s'oppose à ce qu'ils soient fort considérés. Du temps des Miñ, lorsqu'il y en avait beaucoup moins, le public les traitait avec déférence, leur laissant, par exemple, le haut du pavé. On a beau, aujourd'hui, proclamer et afficher avec grand appareil les noms des candidats heureux, le prestige n'en est pas moins effacé, et le plus sûr profit d'un bon examen consiste peut-être encore dans les petits cadeaux de deux ou trois onces que le nouveau bachelier reçoit de ceux auxquels il offre sa thèse.

C'est ainsi que dans les pays turcs et arabes l'enfant qui est parvenu à écrire proprement et sans faute le Fatha, ou chapitre d'introduction du Coran, va le présenter successivement à toutes les connaissances de sa famille, qui lui font de petits présents.

J'ai moi-même encouragé ainsi le progrès des lettres arabes et chinoises; et bien que ce que je donnais fût peu de chose, comme je ne le puisais pas dans l'escarcelle des pauvres et que j'étais de plus entièrement incapable d'apprécier le mérite d'une thèse chinoise, je n'étais inférieur en rien aux Mécènes les plus illustres.

Les bacheliers sont autorisés à porter un globule d'argent ou argenté. Dans la pratique, ce globule est remplacé par celui de cuivre doré, insigne des trois derniers rangs de la hiérarchie chinoise. Tous les lettrés, les académiciens même, portent ce globule, qui ne suffit pas à leur assurer une grande considération.

Les lettrés, en général, reçoivent de ceux qui leur adressent la parole la qualification de lao-yé; les bacheliers, toutefois, n'ont droit qu'au titre de siañ-kʊñ.

Les lettrés sont soumis à une police spéciale et ne peuvent subir de peines corporelles qu'après avoir été dégradés.

(1) Le prix de leur diplôme, fixé à 108 onces, était ordinairement de 150, en raison des cadeaux à faire aux magistrats. La pénurie financière de l'État permet aujourd'hui d'acheter ces diplômes au prix de 80 ou 90 onces.

INSTRUCTION PUBLIQUE.

Nous avons vu que l'examen des docteurs était à peu près le même que celui des licenciés, avec cette différence que c'est au ministère des rites, à Pékin, et sous la présidence d'un délégué spécial de l'empereur, que cet examen avait lieu. C'est parmi les docteurs que sont choisis les dépositaires principaux de l'autorité impériale. Les académiciens ont, à Pékin, un ya-mön, ou palais, si l'on peut donner ce nom à un mauvais bâtiment dont toute l'armée de Chine a pu constater le manque d'entretien.

Cette académie compte actuellement un personnel de cent quarante-six individus, savoir : six syes-turwañ, appelés aussi turwañ-yuan, et quatre-vingt-quatorze pyen-syes, qui ont le titre de xan-lin ; huit kyen-tao et trente-huit urs-ki-mö qui sont pourvus seulement du titre de docteur, et parmi lesquels l'empereur choisit de préférence les académiciens titulaires. Il y a de plus, comme chefs politiques de l'académie, deux turañ-yuan uruo-ssö, ayant sous leurs ordres dix urö-ts-myo-ssö, cinq mö-ts et cinq mö-kyen. Les deux premiers portent le bouton rouge du second ; mais en raison de fonctions étrangères à l'administration de l'académie, ils reçoivent annuellement 150 onces et 150 demi-tan de riz chacun : le demi-tan, ou xs, représente un poids d'environ 80 livres. Les dix suivants portent le bouton du quatrième rang, et reçoivent 105 onces et 105 mesures de riz. Les dix derniers ont 80 onces et 80 demi-mesures.

Quant aux académiciens proprement dits, les syes-turwañ reçoivent 60 onces et 60 demi-mesures. Tous les autres n'ont que 45 onces et 45 demi-mesures.

45 onces équivalent à 360 francs, soit environ un franc par jour, et les prestations en riz n'ayant pas une valeur beaucoup plus grande, il est permis de dire que les académiciens chinois, lorsqu'ils n'ont pas une fortune privée ou lorsqu'ils n'obtiennent pas de grands emplois dont ils cumulent les produits, ne peuvent que végéter dans la misère, quelque peu élevé que soit à Pékin le prix des denrées de première nécessité.

Il existe, en outre de l'académie des Xan-lin, dans le Шañ-tsñ, ayant pour siége la pagode de Confucius, une corporation dite des ծ-kiñ po-mö, composée des principaux descendants de Confucius.

Il me sera permis maintenant de détourner mes regards de ce spectacle triste et mesquin pour les reporter sur les écoles nombreuses qui s'ouvrent à la jeunesse chinoise par les soins des Américains ou des Anglais. Je voudrais pouvoir prendre ma part d'une œuvre aussi utile. Je voudrais aussi que le prosélytisme n'en fût pas l'objet ; que la foi et la science humaine ne vinssent point s'y mêler trop indiscrètement. Si j'avais à leur tracer un programme, ce serait celui même que je voudrais voir l'État français imposer dans nos écoles primaires aux communes et aux départements, libres d'y ajouter comme de choisir leurs méthodes, leurs livres et leurs maîtres, afin que les hommes restent distincts et ne deviennent point une vile fange frappée, dans un même moule, à la même effigie.

Ce programme comprendrait :

La lecture, l'écriture, la sténographie, le dessin, l'étude de la grammaire et de la langue nationale ;

Les éléments de la cosmographie, quelques notions géologiques, la géographie physique et politique, la géographie nationale, les faits principaux de l'histoire universelle, l'histoire nationale, un aperçu de la constitution politique et des lois civiles ;

L'arithmétique, les parties doubles, la géométrie dans ses applications les plus communes, quelques notions pratiques de mécanique, de physique et de chimie ; la mention de quelques faits et l'exposition des grandes lois de l'anthropologie, de la zoologie, de la botanique.

On y pourrait ajouter, suivant les lieux, une langue étrangère, la navigation, quelque culture spéciale, la métallurgie, la chimie appliquée aux arts, etc.

On y pourrait encore joindre la gymnastique, les exercices militaires et le tir.

De telles études ne feraient pas des hommes trop savants pour mener la charrue; il n'en saurait exister de tels; mais elles en feraient d'assez savants pour conduire même l'État; elles feraient des hommes désireux de s'instruire davantage, et dont l'exemple stimulerait l'amour-propre du riche; elles forceraient le gentilhomme à demander à des leçons coûteuses et d'un ordre élevé la conservation de l'estime publique et d'une juste influence.

Mais comment un seul maître enseignerait-il tant de choses? Pourquoi, répondrai-je, un seul maître dans les communes riches? On peut avoir des maîtres auxiliaires, des maîtres en mission, des maîtres se transportant avec le matériel de leur enseignement; on peut avoir même des maîtres volontaires, lorsqu'il s'agit seulement de quelques leçons. Nos officiers enseignent leurs soldats : quel propriétaire instruit refuserait d'acheter au même prix l'affection de sa commune?

Mais les champs réclament l'enfant du pauvre. Pourquoi donc est-il pauvre? Parce que la magnificence publique vide sa bourse et que la conscription vide sa maison. Rendez-lui quelques oboles et quelques-uns de ses fils, vous aurez des soldats moins chétifs, plus de blé dans vos greniers, plus d'enfants dans vos villages. Et comme la puissance d'un peuple dépend non de la force qu'il dépense, mais de la force qu'il réserve, votre puissance n'aura fait que grandir.

Quant à l'enseignement spécial et supérieur, il serait abandonné à des compagnies riches et rivales, qui continueraient à donner des diplômes dont le public apprécierait seul la valeur, comme il apprécie celle des marques de fabrique.

AGRICULTURE

Supériorité de la Chine. — Lois de l'agriculture. — Outils et méthodes. — Cultures alimentaires. Colons partiaires. — Produits textiles. — Almanach du cultivateur.

Un de ses disciples demandait à Confucius de lui expliquer la culture des champs : « Il n'est pas, lui répondit Confucius, un vieux paysan qui ne puisse vous en apprendre là-dessus plus que moi. » La Chine est le vieux paysan, et notre jeune agriculture et nos agriculteurs en chambre en peuvent encore recevoir plus d'une leçon.

Les hommes sont même, par ce qu'ils savent, bien plus égaux que les pédants ne veulent l'avouer : les uns possèdent des notions générales et hautes, les autres savent le détail des petites choses qui les touchent; les premiers meuvent le monde, les autres le nourrissent.

Je traversais un jour, avec un ami, un champ de blé. Nous causions agriculture. Tout d'un coup mon ami, homme d'esprit, m'arrêta court, et me montrant un paysan courbé dans sa moisson : « Taisons-nous, me dit-il, et prenons garde que cet homme ne nous entende, il rirait trop de nous. » Depuis des milliers d'années, le paysan, qu'avec Virgile les beaux esprits disent stupide, cultive une terre dont le secret s'est transmis, sur laquelle bien des méthodes ont eu leur jour d'essai, sur laquelle on a tenté plus d'une culture nouvelle, revenant souvent, par oubli, sur les mêmes fautes, comme la France actuelle, ignorante des livres, reprenant aujourd'hui des expériences que les jésuites de Chine ont faites. Le paysan sait ce qu'il fait, et s'il ne sait point le pourquoi de ce qu'il fait, son ignorance n'est pas plus grande que celle de l'industriel, que celle du médecin, que celle même du législateur que l'instinct conduit à travers les hésitations d'une raison inquiète.

AGRICULTURE.

La science, par la voix du baron de Liébig, a proclamé parmi nous cette grande loi de l'agriculture, qu'il faut rendre à la terre les éléments que les récoltes lui enlèvent pour en obtenir des récoltes égales. Méconnaissant cette loi, bien des États ont décliné ; la Perse, l'Algérie, le Mexique, l'Italie même et l'Espagne, sont de ce nombre. La Chine, cependant, ce vieux paysan du monde, mieux inspirée, reçoit son aliment de champs qu'elle alimente également, et dont la fertilité maintenue défie la faim de l'homme et les injures du temps.

Elle ne va fouiller, cependant, ni ces ossuaires, seuls monuments d'une gloire insensée, ni les îles de guano, dernier espoir de nos champs ; elle se suffit à elle-même : elle est donc pour nous un grand exemple. En vain nous étudierons le détail de ses méthodes, le menu de ses cultures ; l'homme, la terre et le climat ne sont pas les mêmes ici que là-bas : là-bas, l'homme pullule, et ses bras ne quittent point la terre ; là-bas, le climat est beau, les froids hivers du Nord n'excluent pas de chauds étés, les saisons ont cette régularité que leur assure une contrée vaste et massive, extrémité du plus large continent, ouverte sur l'océan le plus large. Le ciel ne nous fut pas si clément, et si le Chinois entretient sa terre, comment l'Européen pourrait-il refuser à la sienne le secours que sa pauvreté réclame ?

L'étude de l'agriculture chinoise est affaire seulement de curiosité. Plusieurs Européens, et R. Fortune entre autres, ont traité ce sujet ; le docteur Maron a décrit avec méthode, avec précision, avec une haute intelligence de son sujet, celle du Japon, qui en diffère à peine ; les Chinois et les Japonais ont écrit sur l'agriculture des milliers de traités pleins de faits, de détails et de dessins : la brève analyse de quelques-uns de ces ouvrages donnerait à l'Europe une connaissance claire et complète de l'agriculture de l'extrême Asie. On doit s'étonner que ce travail ne soit pas fait encore : il est facile aux sinologues, nos bibliothèques leur en fournissent les éléments ; on l'a déjà même commencé, on l'a abordé par plusieurs côtés : ce qui regarde la soie, par exemple, est bien connu par les traductions de M. S. Julien, et ce qui regarde le coton par celle anonyme d'une partie de l'encyclopédie agricole chinoise.

Les agronomes chinois distinguent des terres sablonneuses, argileuses, inondées, irrigables par canaux ou par coupures, cultivables en terrasses, etc. ; ils distinguent encore les terres propres à la culture du blé, dites ti, à celle du riz, dites tyen, et à celle des légumes, dites pʊ.

On fait, en Chine, un grand usage des cendres, de la poudre d'os, du sel, de la marne, de la chaux, des résidus huileux, des engrais animaux, et surtout de l'engrais humain employé tantôt sec, dans le Nord surtout, tantôt abondamment délayé, modifié par une exposition assez longue au soleil et à l'air, et versé sur les champs, comme cela se pratique en Flandre. Rien de ce qui peut maintenir la fertilité du sol

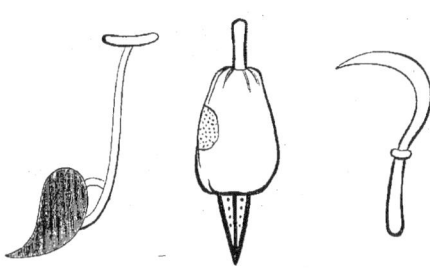

LAI-FOU.   XOU TCHOUÑ, SEMOIR.   FAUCILLE.

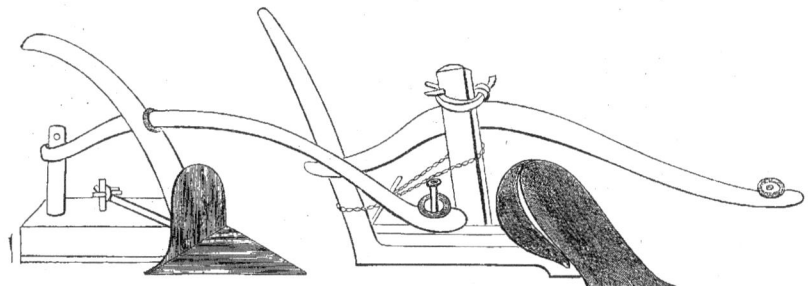

LI, CHARRUES.

LOU TCHEOU, SEMOIR.

n'est perdu ni dans les campagnes, ni dans les villes, où les cultivateurs, en portant leurs produits, viennent chercher l'engrais dont ils ont besoin.

L'irrigation se pratique de mille manières : à la main, comme dans la basse Égypte ; avec des pompes très-variées, avec des norias, roues à pots, à cylindres de bambou, à chapelets, mues par des hommes, des animaux ou même le vent. Dans le fʋ de Xwei-nñan, en effet, on voit des roues horizontales mues par quatre petites voiles.

Parmi les machines agricoles, il faut citer les moulins à huile dits yeʋ-tɯañ, ceux à farine, les rouleaux et les pilons à décortiquer le grain (toey), les appareils bien connus partout qui servent à enlever les graines du coton, divers couteaux à paille, divers fléaux (lyen-kya, yao-tsi), des vanneuses (lʋñ et yañ-ɯan), etc., etc. Dans les champs, on fait usage de charrues à main (lai-fʋ) et de charrues (li) traînées par des bœufs ou par des buffles sobres, robustes et presque amphibies. Ces charrues ont un soc de bois dur, de bois garni de fer, ou de fer, suivant la nature des sols et des cultures. La plus grande économie règne dans tout l'outillage chinois. Il y a longtemps que la Chine a compris que la terre avare et dure voulait des maîtres rustiques et parcimonieux.

On remue aussi la terre à la pioche, à la bêche, à la houe ; on brise les mottes avec des marteaux ; on herse avec des branchages, avec des herses carrées (fañ-pa), en forme de V (jen-tsö-pa), et d'autres formes encore, auxquelles l'homme ajoute son propre poids ; on aplanit avec des rouleaux de pierre unis, ou munis de dents ou de pointes (kyao-tʋ, mö-li-tsö, mʋ-li-tsö) ; on recouvre le grain avec d'autres roues de pierre appelées tun-tɯö ; on sème à la main, avec le xʋ-tɯʋñ ou semoir en calebasse, calebasse ou cône creux tenant jusqu'à quinze livres de grain, terminé par un appendice percé de trous qu'on bouche avec le doigt en marchant, et qui laissent échapper le grain quand on plonge l'instrument dans le sol. On sème sur les terres à blé, dans le Nord, avec le lʋ-tɯeʋ, traîné par des bœufs, muni de deux lames qui ouvrent la terre et d'une caisse d'où le grain s'échappe pour atteindre les sillons ouverts. Je dois citer encore, en passant, le siége basculant de bois, ou cheval de bois, dont on fait quelquefois usage pour aller dans les champs de riz ; la faucille, très-répandue et très-semblable dans tout l'empire ; les fourches, les râteaux, etc., etc.

Mais c'est encore plus avec leurs mains et même leurs pieds, dont les orteils sont plus mobiles que les nôtres, que les Chinois travaillent, brisent, aplanissent un sol qui, pour recevoir, par exemple, les pistaches de terre, doit être propre et délié comme de la cendre passée au crible.

Les cultures les plus importantes ou les plus remarquables sont le riz, le grand blé (ta-mac), le maïs et le sorgho (kao-leañ), dont on fait de l'alcool ; le petit blé (syao-mac), dont on fait du pain ; le sarrasin (kyao-mae), le *Panicum italicum* (so),

HERSAGE DU TERRAIN SOUS L'EAU. — D'APRÈS UN ALBUM CHINOIS.

le millet (syao-mi), etc.; le pois jaune (xwañ-tao), dont on tire de l'huile; divers autres tao, le tʜɪ-ma ou sésame, le fourrage appelé mo-sʏ, l'igname (yu), le mûrier, le coton, l'*Urtica nivea* (tʜʏ-ma), le tʜʏ ou chanvre à cordages, le ko (*Dolichos bulbosus*) et diverses plantes textiles classées parmi les chanvres ou ma, le thé, le tabac, le sucre, le pavot, l'indigo (lan), le *Carthamus tinctorius* (xʏñ-xwa), l'arbre à cire, le bambou à tuyaux, à meubles, à papier, etc.; le camphre, la rhubarbe, le ricin, le gingembre, les épices, etc.

Presque toutes les cultures se font par lignes plus ou moins espacées, entre lesquelles on peut placer des plantes qui demandent au sol d'autres aliments, ou semer ultérieurement une seconde ligne de la plante principale, destinée à être récoltée plus tard que la première. Un même sol peut porter, pendant les mois d'hiver, du blé et des plantes vertes, des fèves, par exemple; pendant ceux d'été et d'automne, du riz en deux lignes, l'une récoltée en juillet, l'autre plus tard.

Dans le Nord, en général, on ne fait qu'une récolte de riz par an, et le blé n'est semé que de deux années l'une. Le sol du Xʏ-nan est si bon que le riz s'y cultive presque sans engrais. Dans certaines provinces, il y a de grandes propriétés divisées en grandes fermes ou en petites métairies. Ailleurs, le sol est très-morcelé : cela dépend de circonstances locales telles que la fertilité du sol, l'appel des capitaux par le commerce ou l'industrie. L'égal partage des successions, qui doit, assure-t-on, diviser notre sol en parcelles incultivables, n'a pas eu en Chine cet effet; il ne l'a jamais eu en France, dans les pays soumis à la coutume de Paris, source trop oubliée du code civil : il s'oppose au maintien des familles, et, à ce point de vue, le despotisme n'a pas à s'en plaindre. Mais la propriété ou est transmise par vente, ou ne se divise que pour se reconstituer plus tard, ou ne reste divisée que s'il y a un profit réel à ce qu'elle le soit. Il est bon que les pâturages soient communs, que les forêts aient peu de maîtres, que les mûriers, les vignes, le riz, les jardinages soient aux mains qui les travaillent. La nature a fait cette loi, et le monde l'observe mieux que si des législateurs s'étaient amusés à l'écrire. Plus la civilisation marche, plus l'activité humaine se développe, plus le commerce et l'industrie rémunèrent le capitaliste, et plus aussi le paysan a besoin de bien-être. La rente des champs diminue alors : le laboureur seul trouve un vrai profit dans leur exploitation; la terre passe entre ses mains. Quand il se presse trop, l'usure rend la terre au capitaliste; mais le fleuve social suit sa pente malgré les rochers, et bientôt la civilisation, non les lois, supprime le servage, et du serf fait un citoyen.

Sur les terres dont j'ai parlé tout à l'heure, les métayers partagent la moisson d'été, ta-mao, ou le riz, avec le propriétaire, et gardent la moisson d'hiver, syao-mao, ou le blé et les fèves. Les métayers fournissent le bétail, les engrais et l'outillage; le propriétaire paye l'impôt. En très-bonne terre, le moo, dont il y a quinze à l'hectare, donne environ six tan ou six hectolitres de tao, ou riz brut, soit trois tan de riz décortiqué, valant de 12 à 15 francs l'un, et quatre tan de blé ou de fèves. Le moo vaut alors de 180 à 200 francs dans le Kyañ nan. Une terre moins bonne vaut, à Tyen-tsin, de 300 à 400 francs, les paysans étant propriétaires et très-désireux de s'agrandir. Trois moo, près de Chang-haï, nourrissent aisément quatre hommes. Un homme qui cultive deux moo est à son aise : avec un peu d'aide dans les moments de grand travail, il peut en cultiver jusqu'à six et huit dans le Kyañ nan, et bien plus dans le Tmi-li. Les journaliers se payent de 80 centimes à 1 fr. 10 cent., ou 35 à 50 centimes et sont nourris. Les femmes, dans les pays où elles travaillent, dans le Kyañ nan par exemple, reçoivent 30 à 35 centimes, et les ouvriers d'art 1 franc et 1 fr. 50 cent. Ces salaires, un peu plus élevés autour des villes, un peu plus bas dans les provinces, telles que le Ssö-tmuen où l'argent est rare, peuvent être regardés comme la moyenne. Comparés au prix des subsistances, des vêtements et du logement, ils sont supérieurs à ceux des journaliers et des artisans dans la plus grande partie de l'Europe.

Il y a plusieurs sortes de riz auxquelles conviennent des sols et des procédés de culture différents. Celles qui se cultivent dans les terres bien irriguées nourrissent presque toute la Chine. Le sol labouré profondément, inondé, hersé sous l'eau et aplani avec soin, reçoit, en avril ou en mai, les semences qu'on a laissé tremper pendant deux ou trois jours et qu'on recouvre en promenant une planche sur le terrain. Au bout de douze ou quinze jours, les feuilles se montrent au-dessus de l'eau : on arrache les plants pour les planter, par paquets de cinq ou six, en grandes lignes sur un autre terrain. On fume souvent, en arrosant avec de l'engrais liquide surtout, et on maintient l'irrigation qui doit suivre la croissance du riz. On sarcle, on écime à la faux en juillet ; un mois après, les grains se forment. On récolte en août ou septembre, soit dans l'eau, soit après l'avoir fait écouler ; on bat ensuite et on crible. Il est très-remarquable que la culture du riz ne soit point en Chine, ni ce me semble à Damiette ou dans l'Inde, une cause d'insalubrité. Il serait utile qu'on se rendît compte des causes de ce phénomène ; il est probable qu'on trouverait alors le moyen de doter une grande partie du midi de la France de rizières sans que la santé publique en fût affectée.

Dans le Nord, le syao-mi, le kào-leañ et le xwañ-tao se sèment vers le 20 avril : les deux premiers se récoltent vers le 20 septembre, le troisième vers le 20 octobre ; le sarrasin se sème au commencement d'août ; les blés, en septembre ou plus tard, pour être récoltés au printemps.

Le coton, connu de tout temps en Chine, n'y est cultivé que depuis le treizième ou le quatorzième siècle ; il y a pénétré par le Fo-kyen, et se récolte aujourd'hui dans presque tout l'empire; il réussit même très-bien dans le Nord. Cette culture est devenue très-importante pour nous. L'Europe, qui cherche partout du coton, en a acheté à Chang-haï, entre le 1ᵉʳ juin 1863 et le 31 mai 1864, 664 446 piculs ou tan, d'une valeur de 12 805 494 onces d'argent, soit plus de 100 millions de francs. Sʊñ-kyañ, qui fabrique des cotonnades fort bonnes, perdait beaucoup à l'introduction des cotonnades anglaises; aujourd'hui l'industrie anglaise enrichit Sʊñ-kyañ. Le commerce a de singuliers retours; il confond ceux qui calculent : l'habileté politique est de même la niaiserie des sages.

Le coton veut un terrain riche, pas trop humide. Ce terrain est préparé en février, après les gelées, par trois labours et deux hersages. La terre mise en lits est arrosée; les graines, lavées, trempées la nuit, frottées avec des cendres, sont semées vers le 20 juin, de façon à ce que les plants soient distants de deux à trois pieds l'un de l'autre. On recouvre les semences d'un doigt de terre; on fume avec des résidus huileux, des cendres, et de l'engrais humain liquide, à raison de dix hectolitres par moo; on houe sept fois; on arrose souvent; on coupe la tige au-dessus de deux pieds, et les branches au delà de vingt pouces. Vers le 8 août, on récolte, et le coton est exposé à l'air pendant quelques jours. Un moo peut donner de trois à cinq cents livres de coton. Le coton ne supporte pas le voisinage des fèves et ne s'assole pas avec le maïs.

Le tʊʀʊ-ma a été étudié par M. Rondot. Assisté de la science profonde de M. S. Julien, il en a fait connaître en France l'emploi et la culture. On le sème, au troisième ou au quatrième mois, dans un sol léger et près de l'eau, sur des lits bien remués et bien nivelés; on l'abrite avec des nattes qui sont mouillées quand le temps est sec, enlevées quand il est humide et dès que la plante atteint une hauteur de trois doigts. Le tʊʀʊ-ma se transplante. Quand il est assez haut, on le couvre à sa base avec du fumier de bœuf, de cheval et d'âne, jusqu'à la hauteur d'un pied; on l'arrose de temps à autre. On le coupe tous les ans. On le plante aussi de boutures, et par trois plants, dans des trous éloignés d'un pied et demi.

Le mûrier est cultivé surtout dans la partie moyenne et littorale de la Chine. On greffe souvent la variété du man-tʊñ, appelée lʊ, sur celle plus vigoureuse du xʊ-kwañ, appelée kiñ. Les feuilles sont enlevées avec des ciseaux particuliers; les fruits servent à composer une boisson. On cultive autour des arbres des légumes, des melons et d'autres plantes qu'on fume avec les vers après leur sortie des cocons, et l'on assure que huit moo de bons mûriers valent cent moo de riz. Les éducations se font dans les métairies, dans des pièces aérées bien tenues, et qui contiennent peu de vers : aussi les maladies sont-elles rares et s'étendent-elles peu. Il est à croire qu'en s'attachant aux pratiques dont on peut trouver le détail dans l'ouvrage spécial de M. S. Julien, on pourrait ramener en France une culture nécessaire à l'alimentation de nos fabriques, et dont l'absence entraîne une exportation considérable de numéraire.

L'année officielle, qui commence moyennement vers le 5 février, est divisée en douze mois de trente et de vingt-neuf jours, et se complète de temps à autre par une intercalation. L'année agricole en est peut-être un peu différente et plus régulière. On peut remarquer, par exemple, que les peuples musulmans usent de deux almanachs, l'almanach grec ou copte étant exclusivement employé pour ce qui regarde la météorologie et l'agriculture. C'est ainsi que la Pentecôte, ou fête du cinquantième jour, Id el Khamsin, a donné, en Égypte, son nom au vent du désert qui y souffle à cette époque. Des voyageurs qui lisent plus les livres de leurs devanciers que l'almanach du pays qu'ils visitent ont raconté l'un après l'autre que ce vent durait cinquante jours, tant les bibliothèques sont une belle institution et les ciseaux un utile instrument.

L'année agricole chinoise, qui commence vers le 5 février, compte douze mois qu'elle regarde comme égaux, et ne se divise guère en jours, mais bien en demi-mois et en décades, le demi-mois pouvant être de plus de quinze jours, et la décade de plus de dix jours, comme l'année elle-même est de plus de trois cent soixante jours ou même de trois cent soixante-cinq jours.

L'encyclopédie agricole du savant et célèbre Syu, qui vivait sous les Miñ et était natif des environs de Chang-haï, contient l'almanach très-détaillé du cultivateur de la Chine moyenne, en même temps qu'un almanach semblable, mais plus bref, disposé sur un cercle dont les rayons séparent les mois et diverses fractions de ces mois. J'ai traduit ce travail, mais je ne suis ni satisfait, ni sûr de ma traduction : c'est pourquoi j'en publierai seulement une rapide analyse. Les termes spéciaux, les noms des plantes cultivées, ne se trouvent en général point dans les dictionnaires; quand ils s'y rencontrent, leur traduction est vague; à côté d'un nom de plante, on lit seulement *Name of a plant*. Il y a des iconographies chinoises bien imparfaites; il y a des catalogues de plantes, celui de Hoffman et H. Schultes, par exemple; mais cela ne suffit pas encore. Il faudrait une synonymie plus vaste et plus certaine : c'est là le *desideratum* par excellence de l'étude de l'agriculture chinoise. Des circonstances exceptionnelles m'ont empêché de suivre le plan que je m'étais tracé en Chine; mais si je revois jamais ce pays, un travail utile de synonymie sera fait pour les objets principaux qu'embrasse l'histoire de la nature.

J'aurais pu, sans doute, solliciter l'aide de plus savants que moi; mais je n'aime point à troubler le travail d'autrui, ni à me parer de lueurs empruntées. Ce qui, d'ailleurs, est facile quand il s'agit de littérature devient impossible quand le langage des champs est ce qu'il faut traduire.

AGRICULTURE.

Dans la rapide analyse qui va suivre, les explications relatives au premier mois montreront assez le plan suivi par l'auteur chinois; je ne mentionnerai pour les autres mois que ce qui sera de quelque intérêt.

Le premier mois de l'année, moñ-tɯun, premier du printemps, se divise en deux quinzaines, l'une appelée li-tɯun, ou début du printemps, l'autre yu-mui, ou les pluies. Pendant ce mois, on observe l'arrivée du vent d'est ou du vent de mer, qui amène la débâcle des glaces, le réveil des insectes, le départ des oiseaux voyageurs pour le Nord, les premiers signes du retour de la végétation : le fils du ciel alors laboure le champ sacré, il invoque le Souverain suprême; le ciel et la terre forment une féconde union. Le cultivateur reprend ses travaux, il répare son habitation; il élève son esprit, il se pénètre de la piété filiale. C'est alors aussi que se font les offrandes et les sacrifices aux dieux protecteurs des montagnes, des forêts et des torrents. On prépare les outils; on fume la terre, on la laboure; on sème les arbres à fruit; on greffe, on taille les arbres : les plantations de la seconde quinzaine sont bonnes si le vent du sud ne règne pas. On nettoie les canaux et les conduites d'eau, on prépare les claies pour les vers à soie, les femmes tissent, etc.

Le deuxième mois, tɯɯñ-tɯun, milieu du printemps, est divisé par l'équinoxe en deux quinzaines dites kiñ-tɯö et tɯun-fen, ou réveil des vers et équinoxe de printemps. Il est marqué par la floraison des pêchers et le commencement des orages : on sème alors le blé, le chanvre, le tsi, les haricots, les melons, le piment, le thé; on sacrifie à Шö pɯ-sa; on taille les mûriers, on prépare tout pour les vers à soie; on complète le curage des canaux.

Le troisième mois, tɯi-tɯun, fin du printemps, se compose des quinzaines tsiñ-miñ, pure clarté, et kɯ-yu, pluie pour les grains. C'est alors, dit l'almanach, que le rat des champs se métamorphose en caille; fait singulier, assurément, et qu'un peuple aussi ancien aurait eu le temps d'examiner de près, ainsi que plusieurs autres du même genre : tel qu'on le présente, il nous fait voir que si l'hétérogénie était bannie de l'Europe, elle trouverait en Chine un honorable refuge. Au troisième mois, on sème ou plante le riz, le sésame, le gingembre, l'indigo, le coton, les pois rouges et verts, etc.

Au quatrième mois, premier de l'été, moñ-mya, divisé en li mya et syao-mañ, petite plénitude, on sème encore du riz et du coton; on sarcle, on enterre les ignames.

Au cinquième mois, tɯɯñ-mya, divisé par le solstice en mañ-tɯɯñ, milieu de la plénitude des épis, et mya-tɯi, ou sommet de l'été, on récolte les blés et le xɯñ-xwa, les graines potagères; on sème ou plante les mûres, les melons d'automne, l'indigo, le riz d'automne, etc. En ce mois, les cerfs perdent leurs cornes, les cigales chantent, etc.

Au sixième mois, tɯi-mya, divisé en syao-mʏ et ta-mʏ, petite et grande chaleur canicule, on commence à sentir une brise tempérée; les grandes pluies cessent. On sème les pois rouges et verts, les raves; on bêche au pied des mûriers, on laboure pour le blé, on fait macérer le chanvre, on coupe le petit blé, on prépare les salaisons au vinaigre.

Au septième mois, moñ-tsyeʏ, premier de l'automne, divisé en li-tsyeʏ et tɯʏ-mʏ, cessation de la chaleur, le vent devient frais; on honore le ciel et la terre. C'est alors qu'on sème le sarrasin; on coupe le premier riz, le *Panicum italicum;* on irrigue les melons, etc.

Au huitième mois, tɯʏñ-tsyeʏ, divisé en pei-lʏ, rosée blanche, et tsyeʏ-fen, équinoxe d'automne, les oiseaux voyageurs commencent à se montrer; il y a des éclairs et du tonnerre; il fait très-sec. On sème le grand et le petit blé, les pois tardifs, le xʏñ-xwa, diverses plantes bulbeuses; on sacrifie à Шö; on nettoie le coton, on coupe les légumes, etc.

Au neuvième mois, tɯi-tsyeʏ, divisé en xan-lʏ, rosée froide, et tɯʏñ-kyañ, apparition du givre, les oies et les canards sauvages arrivent du Nord; toutes les feuilles tombent; le moineau se retire dans l'eau et devient grenouille. Il en est de ce fait comme de l'existence de l'homme à queue : Si je n'en avais vu qu'un, dit Voltaire, je n'y croirais pas. En ce mois, on laboure la terre pour le chanvre, on sème la petite plante bulbeuse appelée yeʏ-tsay, on cueille les grands haricots, on récolte le sésame, le *Panicum italicum,* les ignames, etc.

Au dixième mois, moñ-tʏñ, premier de l'hiver, divisé en li-tʏñ et syao-syue, petite neige, l'eau commence à geler, la terre durcit, les souffles du ciel et de la terre descendent et montent, etc. On met les récoltes en grenier, on tisse, on fait les espadrilles, on coupe le dernier riz, on fait des offrandes aux dieux, on arrange sa demeure et on s'y occupe le soir, on rentre les fruits, on sème le gingembre, etc.

Au onzième mois, tɯʏñ-tʏñ, divisé en ta-syue et tʏñ-tɯi, ou sommet de l'hiver, solstice d'hiver, le cerf géant perd ses cornes. On fait le charbon de bois, on coupe les joncs et la canne à sucre, on fume les plantes potagères, on coupe les bois de construction, on sèche le poisson, etc.

Au douzième mois enfin, tɯi-tʏñ, divisé en syao-xan et ta-xan, petit et grand froid, on ramasse la glace et la neige, on répare les chariots, on fabrique les balais, on coupe les haies, on fume le sol, on distille l'eau-de-vie, etc.

NOTES DIVERSES

NOTE SUR LES TRANSPORTS

Les moyens de transport, bien que moins avancés en Chine qu'en Europe, y méritent quelque attention. Il serait à désirer que les marins en si grand nombre qui visitent les côtes chinoises fissent une étude complète des barques à voiles appelées jonques par les Européens, et des canots employés sur les rivières et dans les ports. Chaque province a son type, qui ne ressemble que peu au type accepté dans la province voisine. Il y a des navires à voiles de coton, d'autres à voiles de nattes. Parmi ces voiles, les unes se carguent, les autres se plient comme des éventails ou des persiennes; le jeu en est bien entendu. Les équipages ne sont point excessifs, comme sur les barques de la mer Rouge, qui comptent jusqu'à cinquante marins pour cent tonneaux, et font cinq à six lieues par jour. Les embarcations appelées sampan, conduites par un seul homme qui godille avec un long aviron maintenu par une corde, et dans lequel on peut voir une hélice instinctive, sont aussi grandes et marchent aussi vite que nos canots armés de dix avirons. Quelque peu qu'on connaisse la mécanique, on ne peut s'empêcher toujours d'être frappé du grossier empirisme qui préside à la construction et au maniement de nos navires à voiles. Il est impossible que ce que nous faisons en ce genre soit le dernier mot de l'art; et si la guerre n'a besoin que de vapeurs transportant des troupes ou défendus par elles, le secours gratuit du vent n'en sera pas moins toujours demandé par un commerce économe. Il serait temps que des esprits ingénieux s'appliquassent à en profiter mieux; et bien que les navires chinois soient inférieurs aux nôtres, leur examen attentif ferait naître quelques idées et fournirait des données pratiques.

BATIMENT DE COMMERCE DU FO-KYEN DIT NYAO TCHUEN.

BATIMENT DE COMMERCE DE L'ILE DE TSOUÑ-MIÑ DIT CHA-FAN TCHUEN.

Réduire par quelque nouveau procédé le nombre de chaque équipage, ce serait augmenter du même coup l'effectif général du commerce, effectif qui, dans notre pays surtout, n'est pas aujourd'hui ce qu'il devrait être.

Les Chinois voyagent, par terre, à cheval, à dos de chameau; quelquefois, dans le Nord, en litière et en voiture. Ces voitures sont, autant qu'on en peut juger, semblables à l'*arcuatus currus* des Romains. Elles ne sont pas suspendues, mais on s'y étend sur des coussins. Elles sont à brancard, et attellent un, deux, trois et quatre chevaux, quelquefois même deux chevaux en tandem. Le cocher s'assied d'ordinaire sur le brancard. La voiture et la roue, sans laquelle elle n'existerait point, sont anciennes dans le monde; le sanscrit le démontre; les musulmans, les Arabes surtout, les connaissent cependant à peine; la Chine en fait un grand usage, mais surtout

CHINOIS DU NORD MONTANT DES CHAMEAUX.
Gravure chinoise.

dans ses provinces du Nord, celles du Midi étant trop montueuses et traversées seulement par des chemins détestables.

Beaucoup de transports se font à dos d'homme. Les deux moitiés du fardeau sont alors suspendues aux deux extrémités d'un grand bâton qui se porte sur l'épaule. Beaucoup de marchands et d'artisans ambulants promènent ainsi leur magasin ou leur atelier : les barbiers portent d'un côté un petit siége destiné à la pratique, et de l'autre un lavabo; les restaurateurs ont une petite cuisine où les mets se cuisent pendant même qu'ils marchent, et qui est plus ingénieusement construite encore que l'appareil sur roues des marchands de *baked tatars* de Londres. Je donne ici le dessin de la charge d'un ouvrier en métaux, serrurier, soudeur, ferblantier, raccommodeur de porcelaine et même de verres de montre, qu'il recoud avec des fils de laiton. L'appareil comprend deux caisses. La première, qui est l'atelier, possède le soufflet, son tuyau, qui se démonte, et qu'entourent les images des san sin, Lu, Fu et Hao, patrons de l'avancement de la fortune et de la longévité; quelques tiroirs et la lime,

PORTEFAIX ET MARCHANDS AMBULANTS.

Gravure chinoise.

VOITURES DIVERSES.

Gravure chinoise.

terminée par un fourreau mobile dans un anneau fixé au bord de la caisse. La seconde caisse, qui est le magasin, reçoit dans ses tiroirs le siége pliant, le fourneau et beaucoup d'outils. Les supports de chaque caisse sont réunis par une traverse qui reçoit une boucle où s'engage le bâton qui sert à les porter. Ceux de la première caisse, ornés d'une plaque de cuivre sur laquelle on voit loŭ-xae, possesseur de la grenouille à trois pattes, portent un vilebrequin ; à la traverse sont suspendus quelques morceaux de cuivre qui, frappant les uns sur les autres quand l'appareil est en

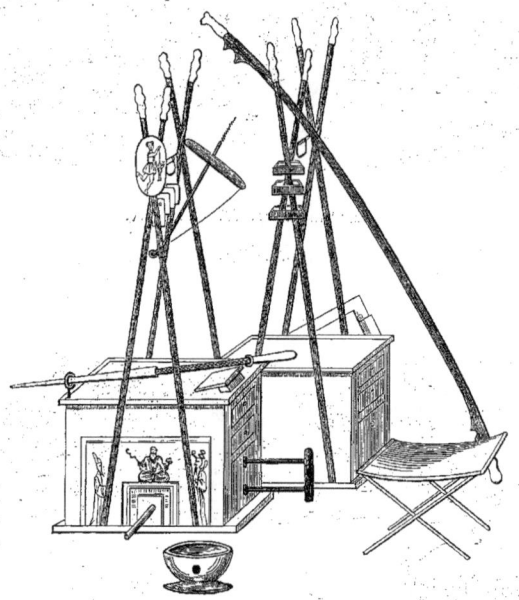

ATELIER PORTATIF D'UN OUVRIER EN MÉTAUX.

marche, en annoncent suffisamment l'approche aux pratiques. Les supports de la seconde caisse portent quelques cadenas; contre ces supports, et dans le bas, sont engagées aussi quelques feuilles de métal. Les caisses étaient longues d'un pied cinq dixièmes et hautes d'un pied deux dixièmes; les supports s'élevaient à une hauteur de quatre pieds. J'avais demandé le prix de l'appareil, et l'avais fait peser. J'ai perdu la note où j'avais consigné les indications reçues; mais je me souviens que le poids me parut faible, et le prix, eu égard à la bonne confection et à la complication des caisses, très-modéré.

NOTE SUR LE CALCUL ET LES MESURES

Les Chinois, peu portés aux études abstraites, ont cependant résolu seuls la plupart des problèmes de l'arithmétique; ils avaient même, avant l'arrivée des jésuites, abordé l'algèbre.

Ils font usage, comme nous-mêmes et comme tous les peuples civilisés, de la numération décimale. Ils ont des chiffres de plusieurs modèles; il y en a d'une forme analogue à celle des autres caractères, qui se rencontrent à peu près exclusivement dans les livres et sont très-connus. Les idées de dizaine, de centaine, de millier, de myriade et diverses fractions y ont leurs signes à peu près comme dans nos chiffres romains. Leur forme étant très-simple, ces chiffres seraient facilement altérés par des faussaires. Pour obvier à ce grave inconvénient, on se sert souvent de caractères numériques plus compliqués et assez différents les uns des autres pour rendre presque impossible leur transformation par effaçage ou addition de traits.

Dans l'écriture cursive, et pour les calculs auxquels les chiffres ordinaires se prêtent peu, on se sert de chiffres plus simples encore, plus faciles à tracer, et dont il existe au moins trois modèles. A l'aide de ces chiffres, accompagnés d'exposants placés à côté ou au-dessus d'eux, on peut effectuer tous les calculs d'après des procédés semblables aux nôtres. Pour effectuer ces calculs, on se sert toutefois plus habituellement d'un compteur appelé ssan-pan.

Ce compteur est un cadre oblong inégalement divisé parallèlement à ses côtés les plus longs, et portant parallèlement à ses côtés les plus courts des baguettes au nombre de huit, de dix, de quinze même, dans lesquelles sont enfilées de petites boules. Chaque baguette porte habituellement cinq boules dans la division la plus grande du cadre et deux boules dans la division la plus petite. Quelquefois elle porte d'un côté seulement quatre boules et seulement une de l'autre. Ce dernier modèle est conforme à celui de l'*abacus* romain, dont Velser a publié la représentation dessinée sur un original (1). Les premières boules valent 1, les secondes valent 5 chacune. L'instrument ne marque aucun nombre quand les boules touchent le cadre, et sont séparées par un espace, de la division dont j'ai parlé. Pour écrire un nombre composé de centaines, de dizaines et d'unités, par exemple, on choisit une baguette, et l'on porte contre la division le nombre de boules nécessaire à exprimer celui des centaines. On en fait autant pour les dizaines sur la baguette de droite ou celle de gauche, suivant les habitudes prises, et autant encore pour les unités. Pour additionner, on écrit le nombre à ajouter sur le premier nombre, faisant, à mesure qu'il s'en rencontre, passer les unités multiples à la colonne qui leur est consacrée. La soustraction ne

ABACUS CHINOIS.

présente pas plus de difficultés. Ces opérations peuvent se faire en commençant par les unités. Habituellement, cependant, on commence par la colonne qui contient les multiples de dix les plus élevés, celle des centaines, par exemple, si l'on a des centaines, des dizaines et des unités.

Tous les calculs peuvent s'effectuer à l'aide du compteur. Plusieurs méthodes sont suivies. Pour la multiplication, la plus ordinaire consiste à multiplier par les chiffres successifs des unités, dizaines, centaines, etc., du multiplicateur, d'abord les unités du multiplicande, puis ses dizaines, etc., portant à mesure les résultats sur le compteur, où ils s'additionnent d'eux-mêmes.

La division ne présente pas plus de difficultés. On soustrait du dividende porté sur le compteur, en l'effaçant, un multiple du premier chiffre du diviseur. Si c'est son décuple, on écrit dix au quotient. Pour que ce nombre soit réellement acquis au quotient, il faut soustraire successivement du dividende le décuple des autres chiffres du diviseur, centaines, dizaines, unités.

---

(1) Le *stchote* russe, moins ingénieux, compte dix boules à chaque rangée.

Le dividende laissant un reste, ce reste est traité de même jusqu'à ce que, inférieur au diviseur, il soit le numérateur d'une fraction qui a pour dénominateur le diviseur.

La preuve de tous les calculs opérés à l'aide du compteur s'obtient en les répétant : le calcul ne laissant point de trace, on en suit les éléments quand ils sont nombreux, et on en constate les résultats sur un papier. Les calculs répétés, comme je l'ai dit, ne s'en effectuent pas moins avec une rapidité bien plus grande que nos calculs simples, et il est généralement impossible aux Européens de suivre les calculateurs chinois; leur procédé, qui paraît grossier, est en réalité très-commode et très-avantageux dans la pratique du commerce : aussi le compteur chinois est-il employé en Chine dans toutes les caisses des maisons européennes et se répand-il déjà dans la Cité de Londres. Il paraît convenir particulièrement à certains calculs rapides et faits à la fois par plusieurs commis, tels que la recherche de ce qu'on appelle la différence.

Les mesures chinoises sont presque toutes décimales, ce qui est dû peut-être à l'usage du compteur, mais en tout cas en facilite l'emploi. Le pied, l'once, la mesure des grains, etc., se divisent donc en dixièmes, centièmes et millièmes. Il n'y a unité de mesures ni dans tout l'empire, ni pour diverses spécialités qui nécessitent des unités diverses. Il est inutile, par exemple, que l'unité de poids soit la même pour l'armateur qui remue des tonneaux, et le pharmacien qui pèse des atomes; il paraît même plus naturel que chacun d'eux ait son unité, de façon que l'un ne calcule pas par millions et l'autre par millionièmes, quand l'un et l'autre peuvent calculer mieux, et en langage plus bref, par dizaines et dixièmes.

La diversité des mesures va peut-être trop loin : il y a en Chine le pied impérial, astronomique, etc.; le pied officiel, qui sert pour les étoffes et aux tailleurs, et a 35 centimètres; un autre pied, dont j'ai deux échantillons, qui a 3473 dixièmes de millimètre; le pied des charpentiers du Kiañ-nan, qui a 295 millimètres; etc., etc.

Mais pour loin qu'en Chine et dans d'autres pays aille cette diversité, il ne paraît pas qu'il en résulte d'inconvénients sérieux : chacun connaît les mesures, en petit nombre, dont son commerce a besoin; et si l'unité agraire n'est pas la même d'une province à l'autre, cela ne gêne point des cultivateurs fixés pour toujours au même sol.

L'origine des idées qui nous gouvernent est souvent humble ou obscure : peut-être est-ce de la Chine exposée par les jésuites que le système décimal nous est venu. Il faut regretter que ceux qui en furent les promoteurs, purs théoriciens, aient ignoré les faits les plus vulgaires : ils ont, en un latin et en un grec de cuisine, baptisé des mesures nouvelles dans le monde, prenant pour point de départ la dix-millionième partie d'une ligne dont la longueur exacte n'est point encore connue. Il y avait dans leur œuvre quelque chose d'utile; mais avec peu d'étude on eût pu faire mieux.

D'infimes États prirent nos mesures avec nos modes : l'Amérique, sous John Adams, les jugea plus sévèrement; Napoléon lui-même, n'y trouvant pas ce qu'on y aurait dû mettre, les abolit par un décret.

Plus éclairés, les savants auteurs de la métrique nouvelle auraient vu le monde entier se servant de mesures à peu près égales; ils auraient compris alors que ces mesures avaient quelque raison d'être, et qu'il s'agissait non de diviser le jour en dix heures, ou, ce qui est plus ridicule encore, de porter sur la carte de France une division nouvelle du cercle, mais de donner à la France un pied unique, et de proposer à tous les peuples ce pied nouveau peu différent des leurs, avec lesquels, dans la pratique commune, il eût pu même se confondre. Il y a des mesures naturelles et universelles qu'on ramènerait aisément à un seul type en recourant à un congrès international et neutre : tels sont le pied, l'once et la livre, l'acre ou l'arpent, plus encore la brasse et le tonneau, communs à tous les marins; le mille géographique, division exacte du degré, seule mesure itinéraire que la géographie et les navigateurs puissent reconnaître. C'est à ces mesures qu'un législateur intelligent devait s'arrêter, au lieu de chercher des types artificiels et de les décorer de noms barbares dont la moitié déjà ne sont plus usités.

NOTE SUR LES MONTS-DE-PIÉTÉ

Les juifs ont cru avant Aristote que l'argent, ne produisant pas, devait se prêter sans intérêt; ils sont sans doute revenus de cette erreur que condamne toute l'histoire. Le moyen âge et ses héritiers ont voulu composer avec les faits; ils ont imaginé l'intérêt légal, le maximum appliqué au commerce d'une marchandise, que rien ne force, comme le blé ou le vin, à paraître sur les marchés, qui de sa nature est presque insaisissable : c'était plus qu'une injustice, c'était une injustice sans objet. Les légistes sont tenaces. Quand on voulut jadis leur enlever la magie à laquelle ils ne croyaient plus, ils chicanèrent longtemps. Un corps et un peuple marchent rarement du même pas : aussi est-ce au jury, citoyen et père de la loi, qu'il faut laisser le soin de juger les choses douteuses, avec des vues chaque jour plus droites, et qui, fussent-elles fausses, nous contentent, parce qu'elles sont communes au gros de la nation.

Les principes en matière de prêt sont simples; mais on les entend si peu et on les embrouille si fort qu'il ne sera pas hors de propos de les mettre ici en pleine lumière.

D'une part l'abondance des capitaux accumulés par l'épargne, de l'autre le développement des affaires, c'est-à-dire l'offre et la demande, donnent en chaque pays à l'intérêt de l'argent placé sans risques ou avec le minimum absolu des risques, c'est-à-dire en bonnes terres, un taux qui varie peu, et qu'on peut appeler le taux régulateur.

Ce taux est dans le nord de l'Europe de 1 ou 2 pour 100; dans le centre ou le midi de l'Europe, de 3 ou 5 pour 100; il est plus bas dans la riche Hollande, plus élevé dans la pauvre Italie; il atteint en Chine 8, 10 et 12 pour 100, parce que l'argent y est rare ou entraîné par le commerce.

Tout autre placement qu'un achat de bonnes terres entraîne un risque. Si en France la terre donne 3, une maison 5 et l'emprunt national 6, c'est que les risques auxquels sont exposés les capitaux placés en maisons ou en rentes françaises ne peuvent être couverts que par une prime de 2 ou de 3 pour 100, qu'il faut en conséquence ajouter à l'intérêt de 3 donné par la terre. A toutes les valeurs qu'on achète, à toutes les entreprises qu'on tente, on demande donc en outre d'un intérêt normal la prime d'un risque variable; ce qui dépasse cette prime est le bénéfice, salaire de l'activité, récompense des calculs habiles, quelquefois aléatoires, et compensation fortuite de pertes fortuites aussi.

Placer en terres et sans risques particuliers à 8 hors d'Europe, c'est les frais d'une administration lointaine déduits; réaliser un bénéfice réel, c'est profiter de la rareté des capitaux sur un certain marché, en même temps que rendre service au peuple auquel on porte ces capitaux qu'il ne prime que pour les attirer.

La terre donnant 8 dans un certain pays, si la prime du risque ordinaire d'un autre placement est de 5 en Europe, ce placement devra donner 13 dans ce pays, à moins que le désir ou la possibilité d'y acquérir des terres étant nuls, et tous les capitaux se portant sur d'autres affaires, on se contente de demander à ces affaires un bénéfice plus grand que celui qu'elles donneraient en Europe.

Les risques de certains prêts peuvent être très-grands. Si la loi interdit d'en toucher la prime, ou ces placements n'ont pas lieu au grand détriment des emprunteurs habituels, ou ils se font toujours en dépit de lois contraires à l'essence des choses; seulement ils se font dans l'ombre, sans concurrence, sans garantie, et l'escroquerie en profite.

On prête en Europe à 365 pour 100 et même au-dessus : cela se fait à Paris, à Marseille, à Londres, et en général dans toutes les grandes villes. Un fruitier ambulant emprunte cinq francs le matin et rend cinq francs et un sou le soir, ou vingt schellings le samedi et rend vingt et un schellings à la fin de la semaine. Avec les cinq francs ou les vingt schellings, il a acheté des fruits et pu gagner dans sa journée trente sous ou dans sa semaine une douzaine de schellings, souvent même plus. L'intérêt à payer ne le ruine donc pas, tandis que l'absence du prêt l'eût empêché de vivre. Le prêteur le connaît à peine; il prête sur parole et ne revoit pas tous ses emprunteurs : le risque est grand; peut-être faut-il y ajouter le risque créé par la loi; enfin il opère sur quelques centaines de francs. Le prêteur doit vivre; et comme il passe son temps à donner et à recevoir de petites sommes, à suivre ses débiteurs, à visiter les marchés, il faut bien que ce temps soit payé : ce qui prouve qu'il ne l'est pas trop, c'est qu'il est rare que ces prêteurs deviennent riches. Des riches ne pourraient pas faire ce commerce. Il est facile de gagner un sou sur une boite d'allumettes, mais il serait impossible d'en vendre même un cent dans les mêmes conditions. Il serait excellent que le prêt des marchés se fit à un taux plus bas. Des gens respectables et généreux s'en sont occupés à Londres; ils ont pu prêter au taux le plus infime sans rien perdre, première règle de la vraie charité qui substitue le service à l'aumône et n'avilit pas le pauvre; mais ils ont donné leur temps sans le compter, et s'ils méritent la reconnaissance de leurs clients et l'admiration de tous, il n'en est pas moins vrai que leur acte est exceptionnel, qu'on ne peut espérer qu'il se reproduise toujours et partout, tandis qu'on est certain que le pauvre aura toujours besoin de recourir aux prêteurs.

En Chine, le gouvernement emprunte quelquefois à 12, quelquefois au-dessus. Il y a quelques années, il prêtait, sur leur demande, aux marchands d'une ville frontière du Nord, dix mille onces d'argent à 12 pour 100 par an, soit 1 pour 100 par mois. La moitié des intérêts devait rester dans la province pour subvenir aux dépenses publiques, et l'autre moitié fournir l'amortissement. Après quatorze ans, la somme totale des intérêts devait être versée à la caisse provinciale.

Le prêt sur gage est plus développé en Chine que dans aucun autre pays. Le Chinois est naturellement porté au commerce, et lorsqu'il n'a pas besoin d'engager ses effets pour se procurer des aliments ou pour obtenir les émotions du jeu, il les engage encore volontiers afin d'avoir entre les mains une petite somme qui lui permette d'acheter, de vendre, et, malgré l'élévation du taux de l'intérêt, d'opérer un petit bénéfice. Ainsi, quand les froids sont passés, les pauvres engagent leurs vêtements chauds; beaucoup de riches même engagent leurs fourrures jusqu'à l'automne suivant. Le cultivateur porte même au mont-de-piété les outils dont il vient de faire usage et dont il n'aura plus à se servir que dans plusieurs mois.

Est-ce un bien? est-ce un mal? Est-ce avant tout le symptôme d'une grande misère? est-ce celui d'une activité plus grande encore? Il me serait difficile de le dire. Pour juger bien des questions aussi délicates, il faudrait une étude plus longue que celle que j'en ai pu faire.

Nulle part, ainsi que je viens de le dire, l'institution des monts-de-piété n'a reçu d'aussi grands développements qu'en Chine. Dans les grandes villes comme Pékin, comme Sṳ-tues, on compte jusqu'à soixante ou soixante-dix monts-de-piété, dont plusieurs ont des succursales. Un département de quelque étendue compte ordinairement dix, quinze ou vingt de ces établissements; les plus petites villes préfectorales en possèdent un; la plupart en ont deux ou trois. On n'a pu me citer, comme en étant privée, que la seule ville de Yen-tues, dans le Han-tsñ.

Il me paraît, en conséquence, difficile d'attribuer à toute la Chine moins de trois mille monts-de-piété ; j'inclinerais, de plus, à admettre un nombre pareil ou supérieur de succursales.

Les monts-de-piété n'appartiennent point à l'État ; ce n'est même que théoriquement qu'ils sont placés sous sa surveillance. C'est une industrie parfaitement libre, et dont les écarts sont réprimés plus sûrement par l'essor de la concurrence que par des règlements fallacieux. Pour exercer cette industrie, il faut, à la vérité, se munir d'une licence ; mais on ne la refuse à personne. Les premiers établis ne jouissent d'aucun privilége.

Le prix de la licence varie selon les lieux et les temps ; elle coûtait à Tyen-tsin, en 1860, 5 800 onces, et revenait, avec quelques frais accessoires de timbre, brevets, expéditions, et quelques cadeaux à faire aux magistrats, à 8 200 onces. A Chang-haï, vers la même époque, cette licence se payait seulement 400 onces ; mais il s'y joignait l'obligation de verser annuellement entre les mains des magistrats une somme de 800 à 1 000 piastres. C'est le trésorier de la province qui délivre ces licences, appelées tsin-tyé.

Dans presque toutes les provinces, les monts-de-piété sont autorisés à établir des succursales dans les villages, sans que l'établissement de ces succursales donne lieu à la perception d'aucun droit nouveau.

Il serait difficile d'évaluer le chiffre moyen des affaires d'un mont-de-piété. On m'a assuré que les cinq ou six établissements de ce genre qui existent à Chang-haï réalisaient, l'un dans l'autre, un bénéfice annuel de 200 000 onces. Chacun d'eux emploie environ quarante personnes et dépense annuellement 6 000 onces.

J'aurais pu demander quelques renseignements statistiques sur le nombre, la nature, la valeur des objets engagés, les renouvellements, etc. ; ces documents m'eussent certainement été fournis : je ne les ai toutefois pas demandés, parce qu'il m'a paru que les monts-de-piété auraient quelque peine à les fournir ; que je ne pourrais ajouter que peu de confiance aux chiffres qui me seraient donnés, dès que pour les obtenir un effort serait nécessaire. Je ne pouvais, d'ailleurs, faire examiner cette comptabilité par des gens à mon service, vu le grand nombre de signes de convention qu'elle renferme et qui sont inintelligibles pour le public.

Je suis convaincu que pour obtenir des Chinois, comme de tous les Orientaux, des renseignements à peu près exacts, il faut avant tout savoir limiter les demandes qu'on leur adresse, parce qu'il serait à craindre qu'ils ne limitassent pas leurs réponses au peu qu'ils savent d'ordinaire. On arriverait de la sorte, et de la meilleure foi du monde, à écrire un roman économique qui aurait à la vérité coûté peu de fatigues, mais n'enfanterait que des illusions.

NOTE SUR LES MONTS-DE-PIÉTÉ.

Les monts-de-piété appartiennent d'ordinaire non à des compagnies ou sociétés commerciales, mais à un propriétaire unique. Si l'entreprise est bonne en elle-même, elle n'en a pas moins à supporter des risques extérieurs fort sérieux. La plus grande partie de la Chine est, en effet, livrée à l'anarchie ou parcourue par des bandes armées : il arrive journellement que des monts-de-piété sont livrés au pillage. Enfin les autorités locales, soutenant par toutes sortes de moyens révolutionnaires un gouvernement légitime, frappent les monts-de-piété, comme le commerce, de contributions de guerre et d'avanies de toutes sortes. Il y a quelques années qu'un riche négociant de Chang-haï, se voyant ruiné par des exactions de cette nature, quitta le pays en abandonnant tout ce qu'il possédait.

Il est possible que, s'il régnait plus d'ordre dans le pays, le taux de l'intérêt exigé par les monts-de-piété fût moindre. Toutefois, que l'élévation de ce taux dépende de la rareté du capital ou de l'incertitude des événements, elle ne paraît pas affecter sensiblement le nombre des affaires, et les populations s'en plaignent peu. Cet intérêt est de 25, 30, 36 pour 100, et davantage même; mais on peut le regarder en Chine comme fort raisonnable, les placements se faisant au taux de 12, 20 et 30 pour 100, suivant leur nature.

Les règles suivies par les monts-de-piété diffèrent de province à province et souvent d'une ville à l'autre. En thèse générale, on peut dire que le privilége est perpétuel, et que quand il n'y a pas un droit annuel à payer aux magistrats, il y a cependant toujours quelques petits cadeaux à leur faire;

Que le prêt représente moins de 50 pour 100 de la valeur engagée;

Que l'intérêt diminue en proportion de l'augmentation du prêt; que, d'un autre côté, quelques ménagements particuliers montrent une certaine intervention philanthropique de l'administration;

Que l'intérêt est calculé par mois;

Que la vente des objets abandonnés s'opère par l'entremise des fripiers;

Que les monts-de-piété n'acceptent point comme gage des objets d'une conservation difficile ou d'un cours très-variable.

A Chang-haï, le prêt nominal est égal à la moitié de la valeur de l'objet engagé.

Ce prêt est nominal en ce que par once d'argent (valant 1 400 tsyen) inscrite sur la reconnaissance (tañ-pyao), et par conséquent due, l'emprunteur ne reçoit que 760 tsyen. L'intérêt mensuel est, sur une somme de moins de 10 onces, de 20 millièmes; de 10 à 20 onces, de 18 millièmes; de 20 à 30, de 16 millièmes; de plus de 30, de 14 millièmes.

Jusqu'au quarantième jour, il n'est dû qu'un mois. A partir du quarantième, il en est dû deux.

A Tyen-tsin, les monts-de-piété sont habituellement tenus par des gens du IIIan-si. Le prêt est égal à 50 pour 100 environ de la valeur engagée.

Le taux de l'intérêt est :

Sur les pierres précieuses	3 p. 100.
Les métaux vils	3
L'or et l'argent	2
Les instruments d'agriculture.	2
Les fourrures au-dessous de 10 000 tsyen, soit 10 piastres	3
— au-dessus —	2
Vêtements de coton, laine, soie, au-dessous de 1 000 tsyen, soit 1 piastre . . .	3
— au-dessus — . . .	2
Tout objet de la valeur d'un million de tsyen (1 000 piastres) et au-dessus. . .	à l'amiable.

La somme des intérêts se paye en enlevant le gage. Toutefois, au bout de vingt-huit mois, le mont-de-piété peut vendre.

A Sé-tmes, c'est trente mois.

A l'expiration du terme du prêt, on peut toujours le renouveler par le payement des intérêts échus.

Le mois se compte, pour les intérêts, à partir du sixième jour. Les intérêts sont alors dus pour le mois entier.

Pendant deux mois d'hiver, les onzième et douzième mois de l'année chinoise, l'intérêt des prêts, garantis par des effets d'habillement, n'est plus que de 2 au lieu de 3 pour 100, et de 1 au lieu de 2 pour 100.

On m'a assuré qu'on avait récemment réduit cette période au douzième mois et à la moitié du onzième mois.

Une réduction pareille portait sur l'intérêt des prêts garantis par des instruments d'agriculture ; elle embrassait les onzième et douzième mois, et la première moitié du premier. La première moitié du premier mois a perdu ce privilége.

Le gouvernement agit souvent pour limiter le taux de l'intérêt : on croit de même, en France, que le taux de l'escompte le regarde. L'intention est bonne ; les résultats ne le sont pas toujours.

Il existe, à côté des monts-de-piété autorisés, d'autres monts-de-piété clandestins appelés tsañ-ya, qui font de plus fortes avances, mais prêtent à 8, 9 et 10 pour 100 par mois, et vendent après trois mois les objets non retirés.

Je dois dire, en terminant ce qui concerne les monts-de-piété, que j'en ai visité un très-grand nombre, et que j'ai toujours été frappé de l'ordre et de la propreté qui y régnaient. Je doute qu'on fasse mieux en Europe.

Une autre forme de prêt sur gage, le prêt hypothécaire, est très-usité en Chine.

Les conditions de ce prêt se règlent à l'amiable. La quotité du prêt est habituellement égale aux 60 centièmes de la valeur de l'immeuble engagé.

L'intérêt exigé est ordinairement de 2 pour 100 par mois. Le contrat, appelé tañ-tmi, est écrit sur papier libre; il est ensuite marqué du timbre de la sous-préfecture, sans que cette formalité donne lieu à l'acquittement d'un droit fixe et légalement établi.

Le prêteur détient, comme gage de sa créance, le titre de propriété de la maison (fañ-tmi) ou celui de la terre (tyen-tmi) qui se trouvent hypothéquées.

NOTE SUR LE COMMERCE DE LA CHINE

EN 1863

J'ai déjà, dans le cours de la publication de cet ouvrage, donné quelques renseignements sur le commerce de la Chine, et notamment sur le mouvement de ses échanges en 1862.

Comme je le faisais pressentir, les chiffres que je donnais alors ne pouvaient être longtemps vrais : ils sont aujourd'hui singulièrement dépassés.

En 1863, le commerce de la Chine s'est élevé à deux milliards, dont un milliard pour Chang-haï seul, qui, en dehors de ses exportations ordinaires, a vendu à l'Europe pour plus de 100 millions de francs de coton.

De 1860 à 1863, le commerce de Chang-haï a doublé. En face de ces progrès d'une ville nouvelle et neutre, Hong-kong qui progresse, mais dans une moindre mesure, se croit ruinée, et ses plaintes, malgré leur exagération, montrent combien sont inutiles les colonies même les mieux conduites.

Chang-haï est maintenant une superbe cité bâtie sur des terrains qui, il y a vingt et un ans, se sont achetés à raison de 30 et 40 centimes, et valent aujourd'hui de 50 à 175 francs le mètre.

Huit banques anglaises y fonctionnent ou vont y fonctionner; leur capital réuni atteint 250 millions.

La part de la France dans le commerce de la Chine est à peu près nul. Les tableaux de la douane chinoise donnent à l'importation, en 1863, le nombre de tonneaux suivant :

Anglais.	1 058 946
Américains.	678 929
Français	5 854
D'autres nations.	383 090

Le mouvement de la France avec la Chine, qu'elle a ouverte au prix de plus de 100 millions, au prix de mille ou de quinze cents soldats morts sur le champ de bataille ou dans les hôpitaux, serait donc un cent-soixante-dixième de celui de l'Angleterre et un trois-cent-quarantième de celui des peuples civilisés : c'est par l'Angleterre que la soie et le coton lui arrivent.

Cette situation est très-grave : la France, sans initiative, s'endort comme l'Espagne après Charles-Quint et Philippe II. Son réveil ne dépend pas de ses chefs, mais d'elle-même. Ses chefs ne l'aideront ni par des expéditions, ni par des conquêtes lointaines, mais seulement en la plaçant libre et responsable en face d'un avenir qui dépend de son audace et de son labeur.

Les deux dernières parties, *Langage* et *Géographie,* seront distribuées aux souscripteurs, mais vendues à part au public, en raison de la nature spéciale du sujet.

TABLE DES MATIÈRES

CONTENUES DANS CE CAHIER

AVANT-PROPOS. . . . . page 3

VIE SOCIALE. — Villes. — Boutiques. — Étuves. — Jardins publics. — Jeux. — Musique. — Hospices. . . . . pages 5 à 45

THÉATRE. — Théâtre. — Genres. — Comédiens. — Pièces. . . . . pages 47 à 26

CÉRÉMONIES. — Mariage. — Cérémonies funèbres. — Superstitions. . . . . pages 27 à 32

VIE PRIVÉE. — Maisons. — Meubles. — Chauffage. — Costume. — Cuisine. — Repas. — Prix courants. . . . . pages 33 à 51

INSTRUCTION PUBLIQUE. — Instruction réelle. — Nature des études. — Examens. — Nombre des lettrés. — Situation des lettrés. — Académies. — Programme d'études . . . . pages 53 à 61

AGRICULTURE. — Supériorité de la Chine. — Lois de l'agriculture. — Outils et méthodes. — Cultures alimentaires. — Colons partiaires. — Produits textiles. — Almanach du cultivateur. . . pages 63 à 73

NOTES DIVERSES. — Note sur les transports. — Note sur le calcul et les mesures. — Note sur les monts-de-piété. — Note sur le commerce de la Chine en 1863. . . . . pages 75 à 93

ERRATUM. — Page 13, ligne 15 : *au lieu de* table de Pythagore, *lisez* harpe de Pythagore.

TYPOGRAPHIE DE J. BEST, RUE SAINT-MAUR-SAINT-GERMAIN, 15.